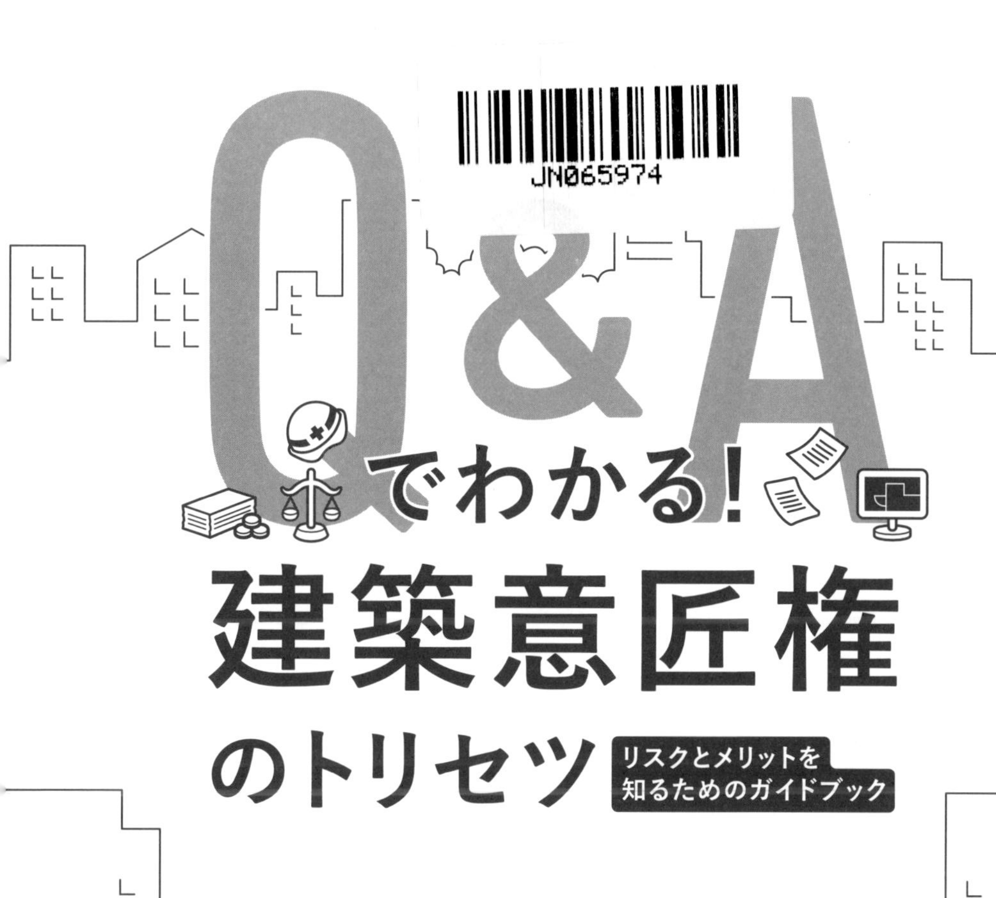

Q&Aでわかる！建築意匠権のトリセツ

リスクとメリットを知るためのガイドブック

中村幸雄 著

学芸出版社

はじめに

建築の世界は、建築家や学生のみならず、建物を見ることが好きな人々にとっても、大変興味深く魅力的なものです。しかし、建築物のデザインは、財産的価値のある創作物であり、ときに法律上の問題が発生することがあります。

本書では、設計事務所、ハウスメーカー、工務店等の設計者や建築家向けに、意匠権とは何か、どのような法的な保護があるのか、設計の際に注意すべきことは何なのか、意匠権を取得するためのプロセス、職務上創作されたデザインの取り扱い、警告を受けた場合の対処方法等を、具体的な事例を交え、会話形式で基礎から詳しく説明していきます。本書を読むことで、建築デザインを意匠権で適切に守る方法、設計を行う上でなすべき事項等を理解できるようになります。

本書では知的財産権に関して全く知識がない読者でも理解できるよう、できるだけ平坦な表現を用いました。そのため、厳格な意味では法律的に正確性を欠く箇所あるかもしれません。その点、ご了承願います。

また、本書の内容は筆者の個人的な見解であり、筆者が所属する組織や本書で引用する組織や権利・判例・裁判例の当事者とは一切関係がございません。本書で説明する情報は執筆時点のものであり、今後改正される可能性があることをご了承ください。

本書を通じて、設計者や建築家の皆様が建築デザインの意匠権に関する知識を深め、皆様の創作活動のお役に立てることを願っています。

弁理士　中村幸雄

Contents
目次

Chapter ❷

大企業だけじゃない！意匠権のリスクとメリット

Part 2 実務編

Chapter ❸

こんなときどうする？注意したい建築実務

Chapter ④

実践してみよう！意匠権の取得プロセス

●本書では、「イラストAC」（https://www.ac-illust.com/）に有効な本人確認書類を提出・登録済みのイラストレーター会員により、権利侵害等が存在しないことが保証されたイラストを使用しています。

●本書の掲載内容はすべて、原稿執筆時点の情報および著者の見解に基づくものです。最新の情報および所管機関・団体等の公式見解は、当該機関・団体等のウェブサイト等でお確かめください。万一、記載内容に起因する損害等が発生した場合でも、著者·出版社ともに一切の責任を負いません。

●本書の内容に関するご意見・ご感想・ご質問は、書籍のウェブサイト（https://book.gakugei-pub.co.jp/gakugei-book/9784761528539/#comment-form）よりご連絡ください。なお、掲載内容と直接関係のない個別の事案等に関する法律相談等については、回答いたしかねる場合がございます。あらかじめご了承ください。

Part 1

基礎編

Chapter ❶

おさえておきたい！
意匠権の基本

Q1 建築デザインの価値はどんな法律で守られている？

「母なる芸術」。近代建築の巨匠フランク・ロイド・ライトは建築をこう呼びました。建築はそのデザイン自体が美的表現であるとともに、その機能によって人々に快適な暮らしを与え、文化を生み出す土壌を提供してきた、そんな建築の特質を表した言葉です。

建築がもたらしたのは快適な暮らしや文化活動の場だけではありません。建築は商品やサービスを提供する場を与え、ときに店舗の外観や内装のデザインはそのブランド価値を高め、事業活動に大きな影響を及ぼしています。

このような建築のデザインは、それ自体が創作物として価値を持つとともに、事業活動を通じてブランド価値を持つ営業上のシンボルともなり得るものです。このように財産的価値のある情報は「知的財産」と呼ばれています。

■知的財産基本法

（定義）
第二条　この法律で「知的財産」とは、発明、考案、植物の新品種、意匠、著作物その他の人間の創造的活動により生み出されるもの（発見又は解明がされた自然の法則又は現象であって、産業上の利用可能性があるものを含む。）、商標、商号その他事業活動に用いられる商品又は役務を表示するもの及び営業秘密その他の事業活動に有用な技術上又は営業上の情報をいう。

知的財産って、財産といっても何だか概念的ですね。

はい。知的財産の大きな特徴は、それが家屋や家具等のような「有体物（モノ）」ではないという点です。すなわち、知的財産は「無体物」であり、財産的価値のある情報といえます。

知的財産は形を持たないということですね……。でも建築物や設計図書には形がありますよね。

そうですね。確かに建築物や設計図書には形があります。でもそれらは情報である知的財産が建築や作図などによって姿を表したものにすぎません。知的財産はあくまで形を持たない存在です。
たとえば、住宅のファサードのデザインは知的財産であり、それ自体は形の無い情報です。設計図書はこの情報を形にした伝達ツールであり、建築物はこの情報が形になって現れた実物といえます。

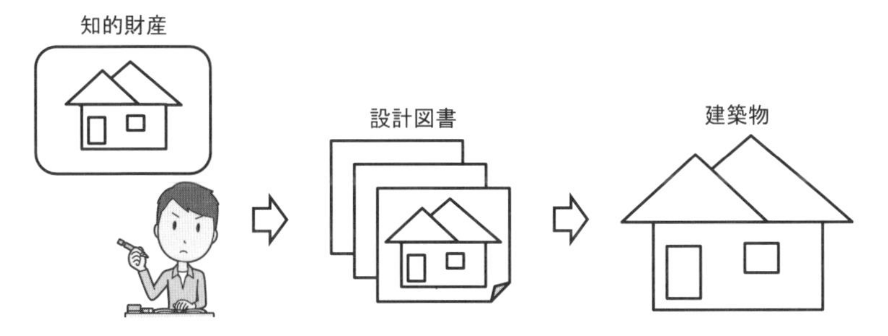

図表1-1 建築に関する知的財産のイメージ

そうなると、知的財産には不動産などと別の扱いが必要になりそうですね。

その通りです。知的財産は形のない情報であるがゆえ、実体を把握しにくく、漏洩や拡散がしやすく、模倣が容易といえます。
さらに知的財産が盗まれたとしても、それによって知的財産自体が消失するわけではないため、盗まれた事実の把握も困難ですね。
このような知的財産の特殊性から、知的財産を保護する様々な特別法が定められています。

なるほど。建築デザインはどのような法律と関係しますか？

先ほど建築デザインは創作物であり、営業上のシンボルともなり得るといいましたが、それらは次のような法律で守られています。

創作物を守る法律	
意匠法	○物品、建築物、画像のデザイン（意匠） ○出願から25年
特許法	○技術的アイデア（発明） ○出願から20年 （一部25年に延長）
実用新案法	○物品形状等の技術的アイデア（考案） ○出願から10年
著作権法	○文芸，学術，美術等における思想・感情の創作的表現（著作物） ○死後70年（法人は公表後70年）

営業上のシンボルを守る法律	
商標法	○商品・サービスに使用するマーク（商標） ○登録から10年（更新可）
不正競争防止法（商品等表示）	○周知・著名な商品・営業を表示するもの（商品等表示）の不正使用を規制

「知的財産権について」（特許庁）（https://www.jpo.go.jp/system/patent/gaiyo/seidogaiyo/chizai02.html）を加工して作成

図表1-2 建築デザインをめぐるいろいろな法律

いろいろあるんですね。

それでは、これらを順番に見ていきましょう。それぞれが何を保護する法律なのかという点に注目してください。

よろしくお願いします！

Q2 建築デザインを守る法律とは？（1）意匠法・著作権法

創作された美しい建築デザインを保護するのは、意匠法や著作権法です。まずは、これらをみていきましょう。

□ 実用的な美しい建築デザインを守る意匠法

まずは意匠法です。意匠法は、実用的な美しいデザイン（意匠）を保護する法律です。ただ、それほど高度な美しさを保護対象としているわけではなく、産業分野の独創的な「見た目」を保護していると言った方がいいかもしれません。

つまり……プロダクトデザインが対象ということですか？

そうですね……保護対象の「意匠」はもう少し広く、以下のような「物品」「建築物」「画像」の３つのカテゴリに分類されています。

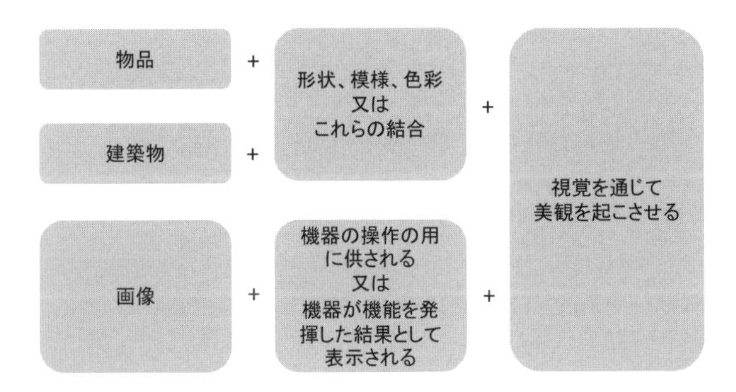

図表2-1 意匠の定義

そういえば、少し前に建築物も保護対象になったんでしたね。

カテゴリ	定義	具体例
物品	有体物のうち、市場で流通する動産	組立て家屋、土木建築用品等
建築物	土地の定着物かつ人工構造物（土木構造物を含む）	住宅、店舗、ビルディング、橋りょう等
画像	物品及び建築物から離れた画像自体	エレベーター操作用画像、ハウスの環境制御機の操作用画像等

図表2-2 物品・建築物・画像

そうですね。意匠法改正前は、「物品」のデザインであることが保護の大前提で、「物品」とは「有体物のうち、市場で流通する動産」と解釈されていたので、不動産である建築物は原則、意匠法の保護対象ではありませんでした。ただ改正前も、例外的に工場生産されたパーツを現場で組立てるタイプの建築物（組立て家屋）は「物品」と解釈され、特許庁は意匠権を付与していました。

枠組壁工法とかプレハブ工法ですね。

おっしゃる通りで、実際、枠組壁工法で建築された住宅が「物品（組立て家屋）」に該当し、意匠権を侵害するとして、その建築・販売・展示の差止や損害賠償金の支払いが命じられた事例も存在します。

被告は、被告各建物を建築する上で<u>枠組壁工法を採用しているから</u>…被告各建物について、工場等で量産された木材及び構造用合板を現場に運搬し、同所で組み立てて建築するという工程を経たことが推認される…以上によれば、被告各建物は、その建築工程等に照らし、使用される時点においては不動産として取り扱われるものの、それよりも前の時点においては、工業的に量産された材料を運搬して現場で組み立てるなど、<u>動産的に取り扱うことが可能な建物であるから、「組立て家屋」に該当すると認められる</u>。

ワンダーデバイス事件（東京地裁令和2年11月30日判決）

意匠法改正は、このような「物品（組立て家屋）」の枠を超えて、建築デザインの保護を可能にしたということになります。

つまり、法改正は工法の枠を取っ払って、建築物に大きな意匠法の網をかけたといえますね。

そうですね。以下を見ると、意匠法改正によって工法の枠が取り払われた影響の大きさがよく分かると思います。

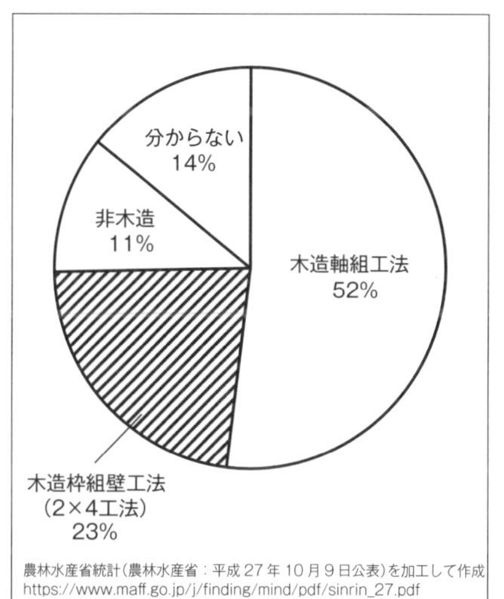

図表2-3 新築時に選択したい住宅工法（平成27年）

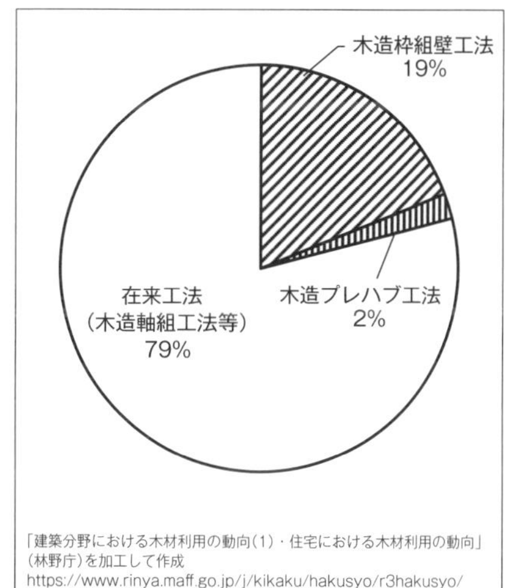

図表2-4 着工新設住宅工法（令和3年）

法改正前は木造枠組工法やプレハブ工法の住宅にしか及ばなかった意匠法の網が、法改正によって従来工法の住宅にまで拡大されたということですね。対象の規模で約4倍ですね……リスクも4倍ってことか。たしかに他人ごとではなさそうですね。

意匠法は、知的財産に権利を付与した上で保護を与えるもので、このようなものは「権利付与法」と呼ばれています。建築デザインの保護を受けるためには、特許庁に出願し、審査にパスして設定登録を受ける必要があります。この登録によって意匠権が発生します。一方、出願が拒絶されると意匠権は発生しません。

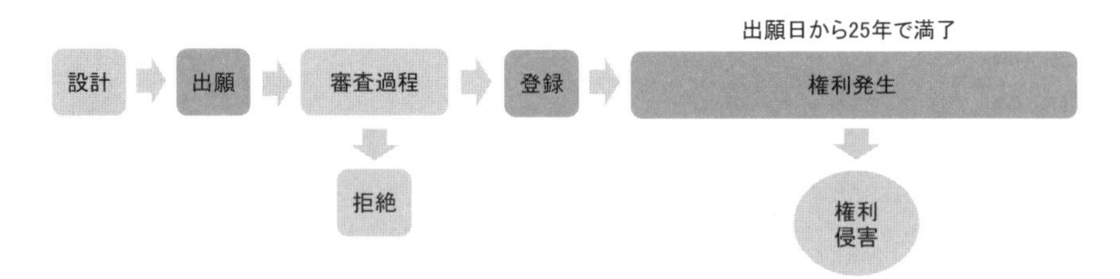

図表2-5 意匠権が発生するまでの流れ

意匠権の発生が前提ということですね。

その通りです。意匠権が発生すると、登録された意匠と同一・類似の意匠を事業として独占的に実施できるようになり、その権利侵害に対して民事上の救済を受けたり、刑事上の責任を追及したりできるようになります。意匠権は、最長で出願日から25年経過するまで存続可能です。

25年ですか……結構長いですね。

□ 建築芸術と設計図書を守る著作権法

著作権法も創作された美しさを保護する法律といえます。著作権法の保護対象は著作物です。著作物の創作者（著作者）には著作権が発生し、これによって著作物の盗用を防止することができます。

著作権の発生にも登録が必要なんですか？

いいえ。著作権法にも登録制度はありますが、著作権の発生に登録は必要ありません。すなわち、設計した建築デザインが「著作物」なのであれば、何ら手続きをすることなく創作時点で著作権が発生し、権利侵害に対する民事上・刑事上の措置が可能になります。
著作権は、著作者の死後70年（法人が著作者となる法人著作の場合には公表後70年）を経過するときまで存続します。
一方、建築デザインが「著作物」でないのであれば、その著作権は最初から発生しません。

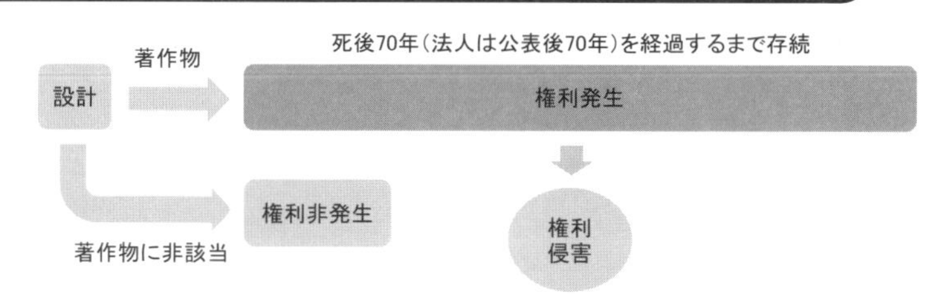

図表2-6 著作権が発生するまでの流れ

著作物かどうかが分かれ目ということですね。これはどのように判断すればいいのですか？

著作権法上、「著作物」は、思想又は感情を創作的に表現したものであって、文芸、学術、美術又は音楽の範囲に属するものとされています。これに該当するか否かを判断するしかないのですが、判例の蓄積によってある程度の基準を知ることはできます。
この基準は著作物の種類によって異なっています。

思想又は感情	+	創作的	+	表現	+	文芸、学術、美術又は音楽の範囲

図表2-7 著作物の定義

著作物の種類とは何ですか？

著作権法では、以下のように著作物の種類を例示しています。

■著作権法

（著作物の例示）

第十条　この法律にいう著作物を例示すると、おおむね次のとおりである…

五　建築の著作物

六　地図又は学術的な性質を有する図面、図表、模型その他の図形の著作物…

建築デザインは①建築の著作物と②設計図書の著作物に分類できます※。

※正確には設計模型の著作物もありますがここでは省略します。

最初に知的財産は形の無い情報で、設計図書はそれを形にした伝達ツールと伺いましたよね。

ちょっとややこしいですが、建築デザインの過程では、「①建築の著作物」と「②設計図書の著作物」とが発生する場合があり、これらは分けて考えなければなりません。

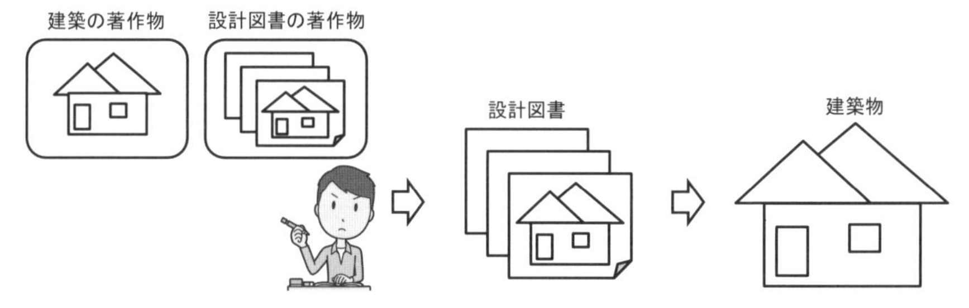

図表2-8 建築と設計図書の著作物

すなわち、どのような建築物にするかという点を創意工夫して創作された建築デザインの情報は「①建築の著作物」となり得、それを設計図書でどのように表現するかという点とその表現内容とを創意工夫して創作された情報は「②設計図書の著作物」となり得ます。

創意工夫する対象の違いですね。

「①建築の著作物」のハードルは相当高く、一般住宅建築の通常の創作性を上回り、独立して美的鑑賞の対象となり得る程度の美術性があるデザインでなければ著作物とは認められません。宮殿、凱旋門レベルということですね。

一般住宅が著作権法10条1項5号の「建築の著作物」であるということができるのは、客観的、外形的に見て、それが一般住宅の建築において通常加味される程度の美的創作性を上回り、居住用建物としての実用性や機能性とは別に、独立して美的鑑賞の対象となり、建築家・設計者の思想又は感情といった文化的精神性を感得せしめるような造形美術としての美術性を備えた場合と解するのが相当である。

グルニエ・ダイン事件（大阪高裁平成16年9月29日決定）

一方「②設計図書の著作物」のハードルはそれよりも低く、作図上の表現方法やその具体的な表現内容に作成者の個性が発揮されていれば著作物と認められます※。

※作図上の表現方法のみを判断する説もあります。

建築物の設計図は、設計士としての専門的知識に基づき、依頼者からの様々な要望、及び、立地その他の環境的条件と法的規制等の条件を総合的に勘案して決定される設計事項をベースとして作成されるものであり、その創作性は、作図上の表現方法やその具体的な表現内容に作成者の個性が発揮されている場合に認められると解すべきである。もっとも、その作図上の表現方法や建築物の具体的な表現内容が、実用的、機能的で、ありふれたものであったり、選択の余地がほとんどないような場合には、創作的な表現とはいえないというべきである。

メゾンA事件（知財高裁平成27年5月25日判決）

そのため、「②設計図書の著作物」とは認められるが、「①建築の著作物」とは認められない、ということも起こり得ます。

「①建築の著作物」と認められなくても、「②設計図書の著作物」と認められれば、設計図書の盗用を著作権問題にできるのではないですか？

「②設計図書の著作物」の著作権は設計図書のトレースやコピー等には及びますが、それを使った建築には及びません。
なので「②設計図書の著作物」の著作権だけでは、不正トレースやコピー等を著作権侵害とすることはできても、盗用された設計図書に従った建築を著作権侵害とすることはできません。

ところで著作権法一〇条一項六号の著作物の複製は、同項五号の「建築の著作物」の場合となり二条一項一五号の本文の有形的な再製に限られ、したがって建築設計図に従って建物を建築した場合でも、その建築行為は建築設計図の「複製」とはならない。それで本件建物が本件設計図に従って建築された場合であっても、右六号の関係では複製とはいえない。

シノブ設計事件（福島地裁平成3年4月9日決定）

盗用デザイン建築を著作権侵害とできるのは「①建築の著作物」の著作権ですね。

結局、建築の著作権侵害が認められるのは宮殿レベルということですか…

そうですね。ケースバイケースとはいえ、ハウスメーカー等が提供する住宅の設計に著作権の効力が及ぶことは考えにくいでしょう。

なかなか、難しいものですね。

Q3 建築デザインを守る法律とは？（2）特許法・実用新案法

建築デザインの機能面を保護するのは、特許法や実用新案法です。

□ 建築デザインの機能面を守る特許法

特許法は見た目の美しさではなく、その内なる機能を保護する法律です。すなわち、特許法の保護対象は技術的なアイデア（発明）であり、発明は特許権で保護されます。

建築デザインの特許ってあるんでしょうか？

そうですね……建築デザインの機能的な部分に特許権が付与されています。特許の対象となる「発明」は技術的なアイデアであり、特許法上、以下のように定義されています。ほとんどの発明は、何らかの課題を解決する手段です。建築デザインにもそんな一面がありますよね。

自然法則を利用 ＋ 技術的思想の創作 ＋ 高度

図表3-1 発明の定義

はい。建築の設計は単なる設計者の自己表現の場とは違います。建物って実用品ですし、施主の要望、周囲の環境、居住者の暮らし、強度、法的要件、費用など、複雑に絡み合う制約条件をどのように美しくまとめ上げるか……そんな課題解決プロセスが設計だと思います。
建築家の丹下健三先生が残した「美しきもののみ機能的である」っていう言葉好きですね。

深いですね。そのように美しさと共にある建築の機能面は特許法で保護できます。例えば、広がりのある空間、採光性、暮らしやすさ、居住者の生活習慣の改善などの様々な課題を解決する建築デザインに特許権が付与されています。
発明の内容は割愛しますが、例えば、以下のような課題を解決する建築デザインに特許権が付与されています。

■建築デザインへの特許権の付与例

特許番号	保護内容
特許6910980	斜線制限下で採光性を向上させ、広がりのある空間を実現
特許6723699	各世帯のプライバシーを確保しつつ、程よい距離感を保つ二世帯住宅
特許7001522	居住者間で楽しく家事や身支度ができる
特許6943696	玄関前の採光性を確保しつつ、駐車スペースと玄関との移動時に雨がかかりにくい
特許6551460	明るく開放的なキッチン空間を備える変化に富んだ屋内空間の実現

これらは制約の中で物理的な間取りや配置を工夫して、光、環境、空間などに関する自然法則を利用して課題を解決するものですからね。自然法則を利用した技術的思想の創作と解釈可能なわけです。

特許にも審査があるんですか？

特許法も権利付与法であり、建築デザインの保護を受けるためには、特許庁に出願し、審査をパスして設定登録を受ける必要があります。この登録によって特許権が発生します。一方、出願が拒絶されると特許権は発生しません。

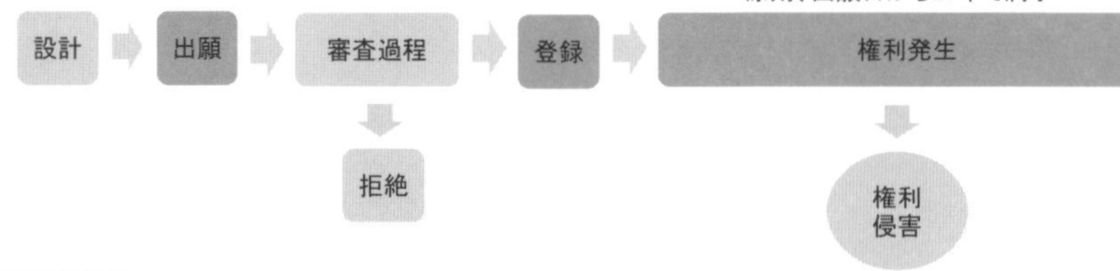

図表3-2 特許権が発生するまでの流れ

意匠法に似ていますね。

そうですね。特許権が発生すると、その特許発明を事業として独占的に実施できるようになり、その権利侵害に対する民事上・刑事上の措置が可能になります。特許権は、最長で出願日から原則20年経過するまで存続可能です。

建築の見た目は意匠法、機能は特許法、そんなすみ分けですね。

□ 形状・構造から建築デザインの機能面を守る実用新案法

実用新案法の保護対象も技術的なアイデア（考案）ですが、対象が「物品の形状、構造又は組合せ」に制限されています。一般的には、形状等の小発明を保護する簡易な制度と解されています。

自然法則を利用 ＋ 技術的思想の創作

図表3-3 考案の定義

特許法の簡易版というところですね。

実用新案法も権利付与法ですが、形式・基礎的要件の簡易な審査のみを通過すれば、登録料の納付によって登録され、実用新案権が発生します。権利の存続期間は最長で出願日から10年と短めです。

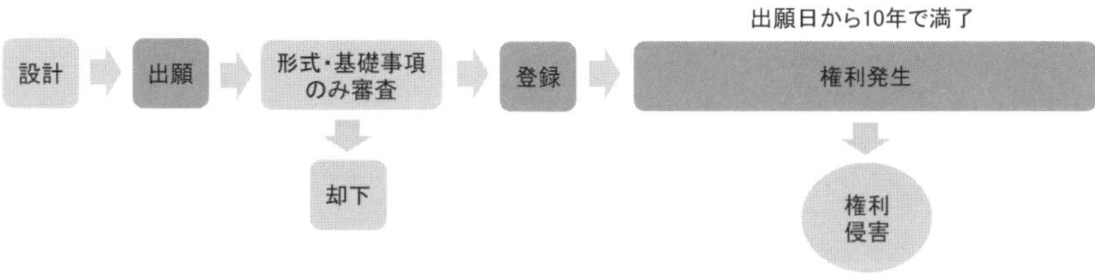

図表3-4 実用新案権が発生するまでの流れ

実用新案権は簡易・迅速・安価ですが、実体的な内容が審査されていないので、後に登録が無効にされるリスクも高めです。
また権利行使や警告をした後に登録が無効になると、権利者が所定の手続きや相当の注意をもって権利行使等をしていない限り、権利者に損害賠償責任がかせられます。権利行使等の際には特に注意が必要です。

自己責任ってことですね……

Q4 建築デザインを守る法律とは？（3）商標法・不正競争防止法

長年の使用によって建築デザインが営業上のシンボルとなる場合もあります。このようなシンボルのブランド価値を守る法律として、商標法や不正競争防止法があります。

□ 建築デザインが表すブランドを守る商標法

次はブランド価値を保護する商標法の話をしましょう。商標法の保護対象は、ブランドを識別する以下のような商標です。

人の知覚で認識可能 ＋ 文字、図形、記号、立体的形状若しくは色彩又はこれらの結合、音 ＋ 業として商品を生産・証明・譲渡する者がその商品について使用
＋ 業として役務を提供・証明する者がその商品について使用

図表4-1 商標の定義

いろいろあるんですね…商標ってロゴのことだと思ってました。

たしかにロゴが一般的ですが、ロゴ以外にも、文字、立体的形状、音などが保護対象です。建築デザインと直接関係するのは建築物やその内装の立体的形状、いわゆる「立体商標」ですね。

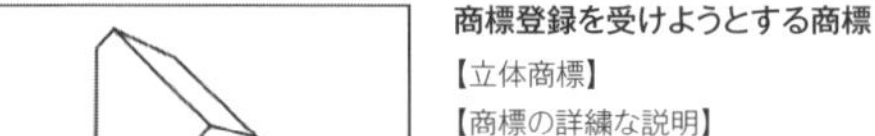

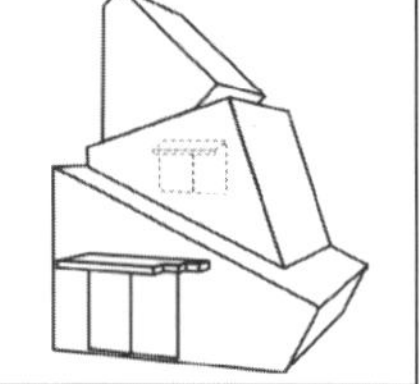

商標登録を受けようとする商標

【立体商標】

【商標の詳細な説明】

商標登録を受けようとする商標（以下「商標」という。）は、立体商標であり、3 つの多面体を含む店舗の外観を表す立体的形状からなる。なお、破線は、店舗の形状の一例を示したものであり、商標を構成する要素ではない。

【指定商品又は指定役務並びに商品及び役務の区分】

【第43 類】

【指定商品（指定役務）】飲食物の提供

図表4-2 立体商標の例（1）

商標登録を受けようとする商標

【立体商標】

【商標の詳細な説明】

この商標登録出願に係る商標（以下「商標という。」）は、店舗の内部の構成を表示した立体商標であり、照明器具、コの字型のカウンター、椅子の座面及びカウンターに接して設置された酒や料理等の提供台を含む店舗の内装の立体的形状からなる。なお、破線は、店舗の内装の形状の一例を示したものであり、商標を構成する要素ではない。

【指定商品又は指定役務並びに商品及び役務の区分】

【第43類】

【指定商品（指定役務）】飲食物の提供

出典：特許庁ウェブサイト　https://www.jpo.go.jp/system/laws/rule/guideline/trademark/kijun/document/index/30_5.pdf

図表4-3 立体商標の例（2）

商標法も権利付与法です。保護を受けるためには、まず建築デザインの立体商標を、商品や役務（サービス）を指定して出願し、特許庁での審査を受ける必要があります。
審査をパスすると設定登録によって商標権が発生し、その侵害行為への民事上・刑事上の措置が可能になります。一方、出願が拒絶されると商標権は発生しません。
商標権の存続期間は登録から10年ですが、何度でも更新できるので、登録されると半永久的に建築デザインの立体商標を独占可能です。

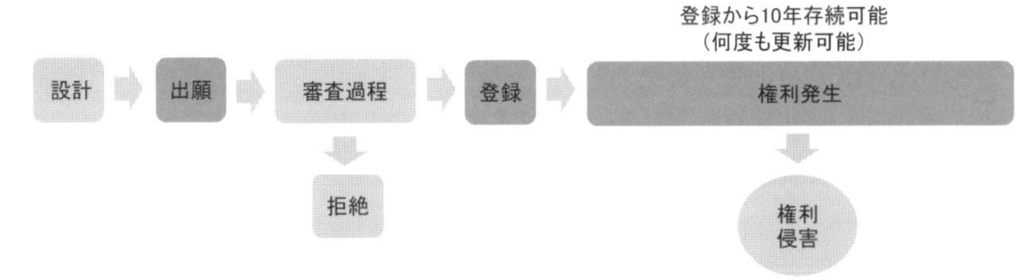

図表4-4 商標権が発生するまでの流れ

半永久的に建築デザインを独占できるのは強力ですね。

ただ、建築物の立体商標に対する審査のハードルは非常に高いですね。商標法はブランドを保護するものなので、建築物自体がロゴなどと同様にブランドを識別するほどのシンボルにならないと、登録は認められません。

建築デザインがブランドのシンボルになるって、結構あるんですかね。

いいえ。建築物のデザインは、本来その美しさや機能のためであって、それがブランドを表すシンボルと認められることは非常に稀です。
そのため、建築物自体の立体商標の登録はなかなか認められません。
登録されている建築物自体の立体商標は、甲子園球場のスコアボードの建物（登録5432191）、東京スカイツリー（登録5476769）、お台場のフジテレビ本社ビル（登録5751309）ぐらいですね。

建築デザイン自体の立体商標の登録はほぼ無理ということですね……

厳しいですね。ただ建築物がブランドを認識できるロゴや看板などを含んでいる場合には、比較的登録が認められています。例えば、「FamilyMart」の看板を掲げた店舗の立体商標（登録4195115、登録5272518）、「ESSO」のロゴが入ったガソリンスタンドのキャノピーの立体商標（登録5373042、登録5510535）、「KOmEDA' S/Coffee」「珈琲所コメダ珈琲店」のロゴが入ったコメダ珈琲店の郊外型店舗の立体商標（登録5851632）などですね。商標登録された建築物の立体商標は大方このパターンです。

たしかに、ロゴや看板からブランドがわかりますね。

□ 建築デザインが表す有名ブランドを守る不正競争防止法

その他、有名ブランドを守る法律として不正競争防止法もあります。不正競争防止法は、事業者間の行き過ぎた不正競争を列挙し、それらの不正競争の防止と救済とを受けやすくするものです。

そのような行き過ぎた競争を防止するために、商標権みたいな権利が与えられるんですか？

いいえ。不正競争防止法は、事前に権利を与えることなく、列挙された不正競争行為を直接規制するものです。このようなものは「行為規制法」と呼ばれ、他人がそのような行為を行った場合に、民事上・刑事上の措置を講じることができます。

類型化された不正競争行為を行った者 ← 民事上・刑事上の措置 ― 被害者

図表4-5 不正競争行為の規制

どのような行為が規制されるんですか？

建築実務で関係するのは、主に以下の「周知な商品等表示の混同惹起」と「著名な商品等表示の冒用」です。
つまり、「商品等表示」について、他人の周知ブランドと混同させるような行為や、混同が生じなくても他人の著名ブランドのイメージを不正利用し、そのブランド価値を棄損・希釈化させるような行為ですね。

	対象	認知度	範囲	混同	行為	
周知な商品等表示の混同惹起	他人の商品等表示	需要者に広く知られている（周知）	同一又は類似	要	―	使用、使用した商品を譲渡、引き渡し、譲渡又は引き渡しのために展示、輸出、輸入、電気通信回線を通じて提供
著名な商品等表示の冒用		全国的に需要者以外にも広く知られている（著名）		不要	自己の商品等表示として右の行為を行う	

図表4-6 周知表示混同惹起行為と著名表示冒用行為

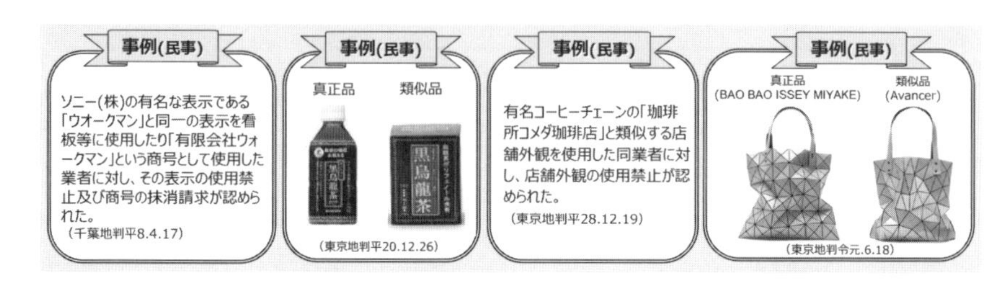

図表4-7 周知な商品等表示の混同惹起の例

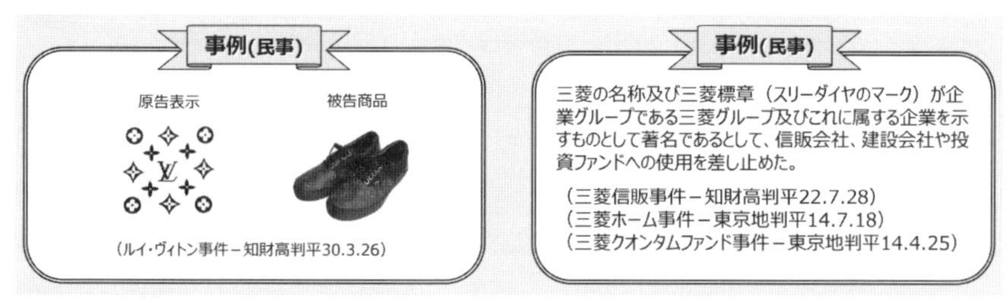

「不正競争防止法テキスト」（経済産業省）を加工して作成 https://www.meti.go.jp/policy/economy/chizai/chiteki/index.html

図表4-8 著名な商品等表示の冒用の例

商品等表示とは何ですか？

商品等表示とは、商品又は営業を表示するものであり、商標や商号などが代表的なものです。不正競争防止法では、建築物が商品等表示に該当するとは述べられていません。
しかし、有名コーヒーチェーン店「珈琲所コメダ珈琲店」が似た外観の喫茶店に対して店舗外観の使用禁止等の仮処分を求めていた事案において、裁判所は店舗外観が商品等表示に該当すると認めました。

店舗の外観（店舗の外装，店内構造及び内装）は、通常それ自体は営業主体を識別させること（営業の出所の表示）を目的として選択されるものではないが，場合によっては営業主体の店舗イメージを具現することを一つの目的として選択されることがある上、①店舗の外観が客観的に他の同種店舗の外観とは異なる顕著な特徴を有しており、②当該外観が特定の事業者（その包括承継人を含む。）によって継続的・独占的に使用された期間の長さや、当該外観を含む営業の態様等に関する宣伝の状況などに照らし、需要者において当該外観を有する店舗における営業が特定の事業者の出所を表示するものとして広く認識されるに至ったと認められる場合には、店舗の外観全体が特定の営業主体を識別する（出所を表示する）営業表示性を獲得し、不競法２条１項１号及び２号にいう「商品等表示」に該当するというべきである。

コメダ珈琲事件（平成28年12月19日 東京地方裁判所）

店舗の外観もブランドのシンボルとなり得るということですね。

そうですね。建築デザインに他と異なる顕著な特徴があり、かつ、長年の使用によって事業者の出所表示として周知になれば、建築デザインもブランドシンボルとして保護され得るということです。

他と異なる顕著な特徴（特別顕著性）	+	出所表示として周知（周知性）

図表4-9 商品等表示とは

ただし、この事案は店舗の外観を商品等表示として差止を認めた初のケースです。

これもハードルが高そうですね。

Q5 なぜ建築デザインの保護に意匠権が向いている？

次に、建築デザインの保護という観点から各法律を比較してみましょう。以下では７つの項目で評価しており、外側ほど高いスコアを表しています。

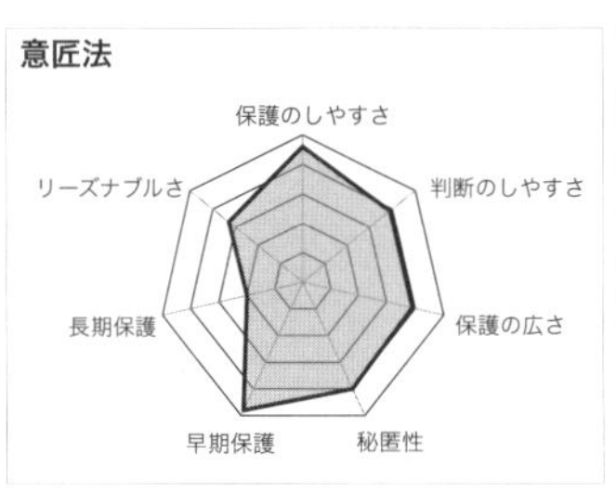

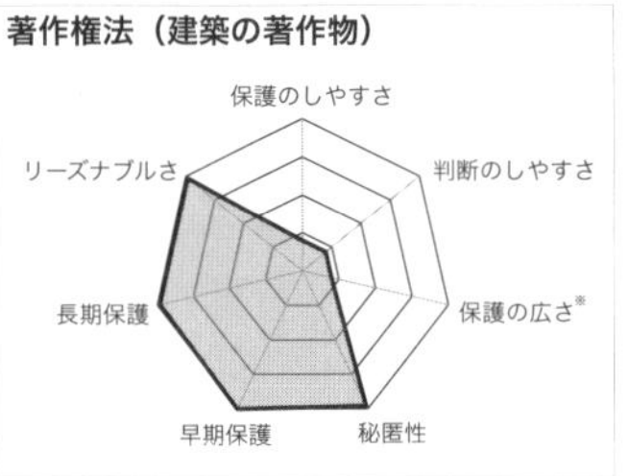

※著作権の侵害は、既存の他者のデザイン等に依拠（利用、アクセス）していることが前提であるため、著作権の「保護の広さ」を低く評価しています。

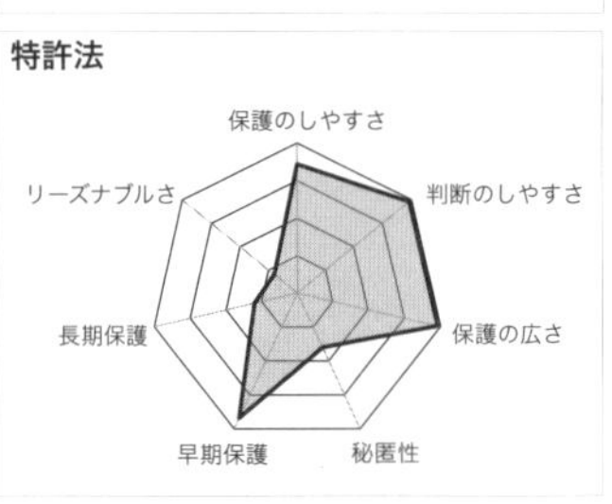

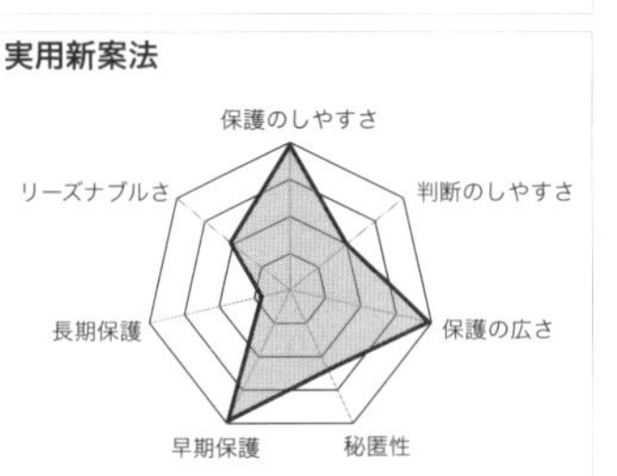

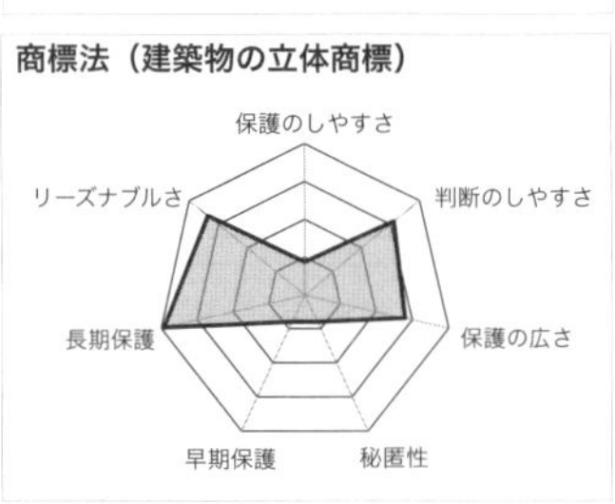

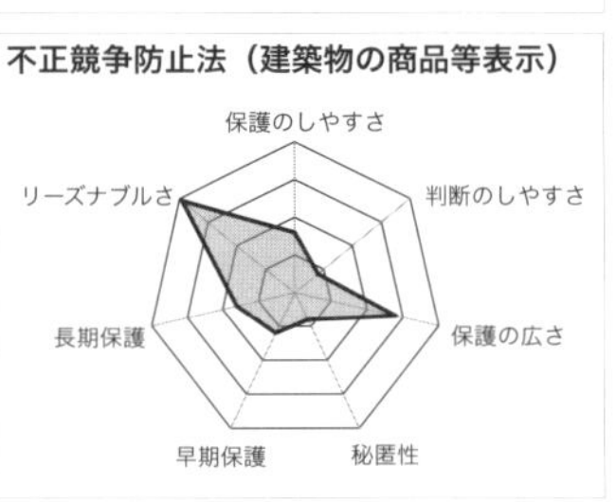

図表5-1 建築デザイン保護の観点からの評価（独自評価）

詳しく説明してもらっていですか？

それでは「保護のしやすさ」からいきましょう。Q2、Q4で話したように、建築物自体に立体商標の登録や著作権が認められたり、建築物が不正競争防止法の商品等表示と認定されたりするケースは非常に稀です。

宮殿レベルとか、大手チェーン店の店舗デザインぐらいでしたよね。

それに比べると、建築デザインの意匠権、特許権、実用新案権の取得は比較的容易といえます。また機能ではなく、見た目で特徴を出せる意匠の登録率は、特許よりも高いですね。

現実的なのは、意匠権、特許権、実用新案権ということですね。

そうですね。次に、それらの「判断のしやすさ」と「保護の広さ」を見ていきましょう。
意匠権のメリットは、登録された図に基づいて保護範囲をビジュアル的に理解できる点です。直感的に見通しをつけやすいですね。また、一目で意匠権の内容を理解できるため、これを知った他者がこの意匠権を避けたデザインを選択してくれる、という効果も期待できます。

確かに図面だとイメージをつかみやすいかな……

ただ、この保護は登録意匠の類似範囲にまで及びます。この類似範囲の判断が難しいため、保護の境界がわかりにくいという面もあります。
また、図に基づいて判断されるため、保護範囲が狭く解釈される場合もあります。うまく制度を活用すれば広い保護も可能ですが。

【意匠に係る物品】住宅
【意匠の説明】正面図、背面図、左側面図、右側面図に表された窓はいずれも透明である。 右側面図に表された玄関ドアの縦長矩形部は透光性を有する。

【正面図】　　【右側面図】

⋮

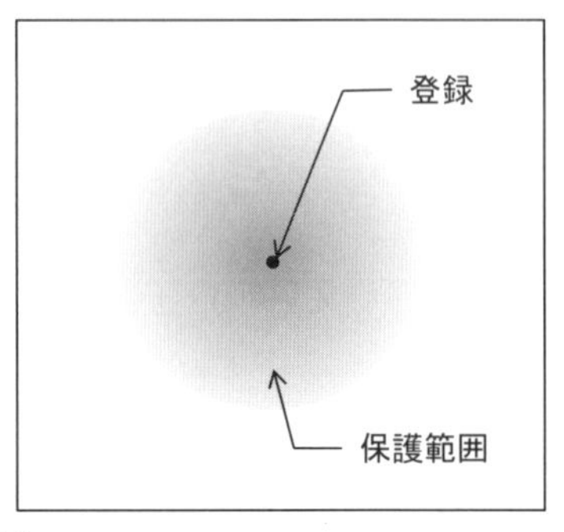

「意匠登録出願の願書及び図面等の記載の手引き」（特許庁） を加工して作成
https://www.jpo.go.jp/system/laws/rule/guideline/design/document/h23_zumen_guideline/0315.pdf

図表5-2 意匠権の保護範囲

ビジュアル的でも保護範囲には幅があるのか……ここが難しいかも。

これに対して特許権は概念的であり、登録された文章に基づいて保護範囲を判断します。これも慣れていないと難しいですね。
ただ、文章で保護範囲の枠（境界）が表現されているので、保護の境界は多少わかりやすいかもしれません。解釈上、実際の保護範囲がこの枠より拡張されたり、枠自体が変形したりする場合もありますが。

【特許請求の範囲】
【請求項1】
上階部と下階部とを有する住宅において、
前記下階部は・・・・を含み、
前記・・・は、・・・に対向する・・・・と、・・・に囲まれた・・・とを含み・・・、
前記・・・の間の空間には・・・と・・・とが配置されており・・・・、
前記上階部は・・・部と・・・部とを含み、
前記・・・部が・・・の位置にまで張り出している住宅。

⋮

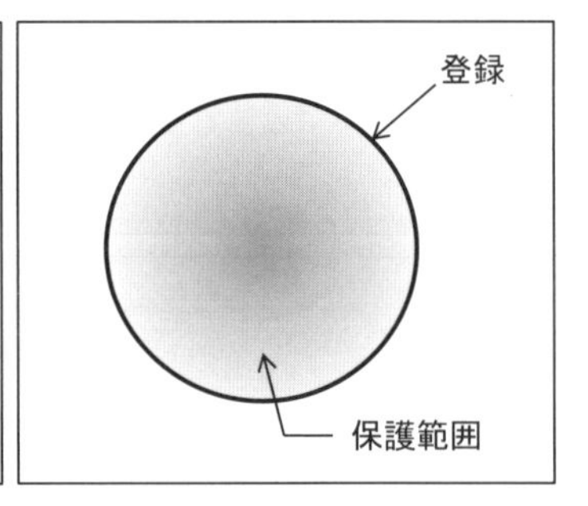

図表5-3 特許権の保護範囲

実用新案は特許の簡易版でしたよね。

実用新案法では簡易な審査だけで登録されるので、本来保護すべきではないものにも権利が発生します。このようなものは登録後に無効にされるリスクがあり、権利の安定性に欠け、実質的に保護範囲の判断が難しい場合もあります。

お墨付きは与えられていないわけか……

保護の広さについては、特許権も実用新案権も保護範囲が文章で表現されているので広めですね。もちろんケースバイケースですが。

安定性を考えると、意匠法と特許法でしょうか。
でも確かに特許の文章はとっつきにくいですね…

そうですね。あと意匠法での保護は「秘匿性」が高いという特徴もあります。特許法では審査結果にかかわらず公報で出願内容が公開されてしまうのですが、意匠法では登録に至らないと公開はされません（国際出願等の例外を除く）。さらに意匠法では登録日から最大3年間、登録内容を非公開にできる制度（秘密意匠制度）もあります。

コンペとか、デザインを公にしたくない場合に使えそうですね。

はい。さらに特許と比べ、意匠の審査期間は短いため早期に権利を取得でき、加えて存続期間も長いという特徴もあります。また意匠権の取得・維持費用は特許権の場合の半額以下で済むことが多いです。

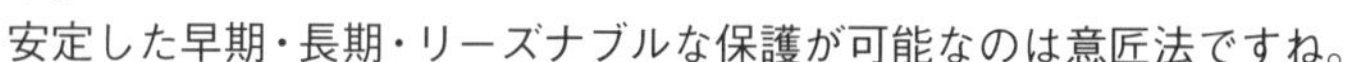
安定した早期・長期・リーズナブルな保護が可能なのは意匠法ですね。

	2018年	2019年	2020年
意匠法	6.1か月	6か月	6.2か月
特許法	9.3か月	9.5か月	10.1か月

「特許行政年次報告書 2021年版」（特許庁）を加工して作成
https://www.jpo.go.jp/resources/report/nenji/2021/index.html#toukei_shiryou

図表5-4 審査結果が通知されるまでの期間の比較

	開始	満了
意匠法	登録日	出願から25年
特許法	登録日	出願から20年

図表5-5 保護期間の比較

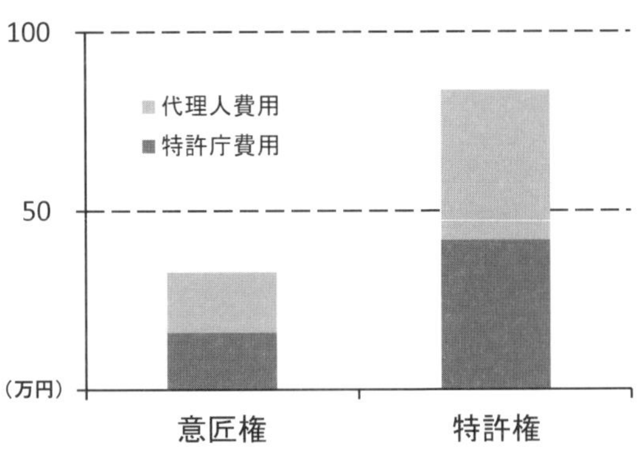

※10年間の権利維持した場合の費用の一例
「産業財産権関係料金一覧（令和4年4月1日）」（特許庁）
「弁理士の費用（報酬）アンケート」（弁理士会）
に基づいて作成

図表5-6 費用の比較（参考）

意匠の審査期間と存続期間は、木造住宅の設計から引き渡しまでの期間（6か月から1年）、その耐用年数（約30年）にも似ていますね。

意匠法は何度も改正されていますが、存続期間はどんどん長くなっています。それだけデザインの財産的価値が向上して、長期保護のニーズも増えてきたということです。

特許法も良さそうですが、総合力では意匠法でしょうか。

Q6 ほかの業界から学べる意匠権のメリットは？

意匠権の役割は、①ビジネスの保護、②ビジネス機会の創出・発展、③内部組織の活性化の３つに分類でき、多くの企業はこれらに期待して意匠権を取得しています。このような状況を知って、建築デザインの領域で意匠権の活用にどのような可能性が期待できるか、考えてみましょう。

ビジネスの保護	ビジネス機会の創出・発展	内部組織の活性化
・似たデザインの発生予防 ・発生した模倣の排除 ・ビジネスツールとして利用	・独自性の証明 ・信頼性の向上 ・デザイン力のアピール ・ブランディング ・ライセンス収入 ・資金調達	・モチベーションの向上 ・キャリアの証明 ・職務創作への報酬

図表6-1 意匠権の役割

ハウスメーカーが住宅モデルを開発したり、建築士がオフィスを設計したりすることは、ビジネスとしては商品をつくっていることに他ならないですね。その苦労した工夫を模倣という形で安易に使われて別の商品が売られるのは納得できないです。

以前から建築デザインの模倣に対して著作権法や不正競争防止法に基づいて訴えを起こすケースはありましたけど、ほとんどが建築の著作物や商品等表示に該当しないということで門前払いですからね。意匠法は違います。登録によって意匠権が発生しますから、保護の前提が確保されています。スタート地点が違う感じですね。

創意工夫の結晶が意匠権として固定されるのはいいですね。

さらに意匠権は権利内容がビジュアル的なため、意匠登録されたデザインを他者が避けてくれるケースが多いですね。意匠権を持っているだけで模倣を予防できます。

意匠権を持っているだけでも…ですか？

はい。多くの企業は意匠権の調査を行い、発見した他者の意匠権に対して何らかの対策を講じています。これから建築業界でもこのような流れになっていくのではないでしょうか。

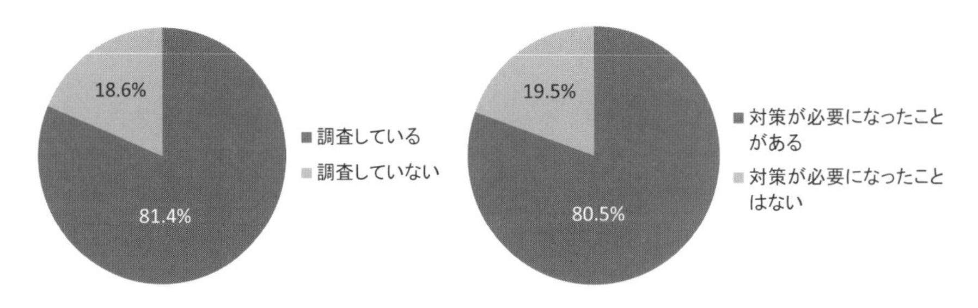

図表6-2 意匠権調査の有無（アンケート結果）　**図表6-3** 他社の意匠権への対策の要否（アンケート結果）

平成22年度特許庁産業財産権制度問題調査研究報告書（特許庁）「企業の事業戦略におけるデザインを中心としたブランド形成・維持のための産業財産権制度の活用に関する調査研究」を加工して作成
https://warp.da.ndl.go.jp/info:ndljp/pid/10322385/www.jpo.go.jp/shiryou/toushin/chousa/pdf/zaisanken/2010_13.pdf

８割以上…思ったよりも多いですね。どのような対策が多いんですか？

圧倒的に設計変更です。それによって他者の登録意匠に似たデザインになることを避けています。意匠権が放棄された途端にデザインの模倣が始まったといったケースもあります。

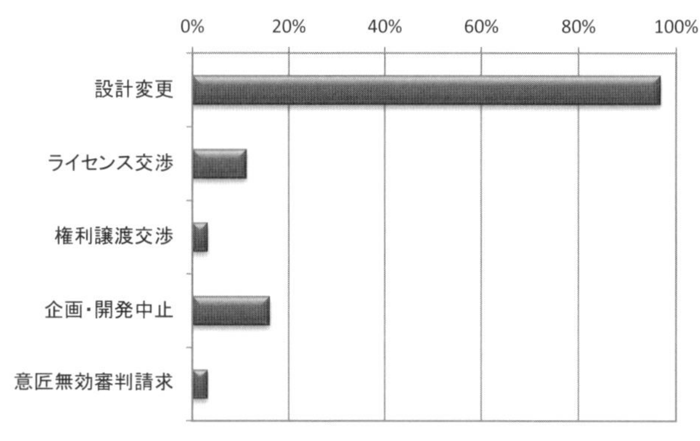

平成22年度 特許庁産業財産権制度問題調査研究報告書（特許庁）
https://warp.da.ndl.go.jp/info:ndljp/pid/10322385/www.jpo.go.jp/shiryou/toushin/chousa/pdf/zaisanken/2010_13.pdf
「企業の事業戦略におけるデザインを中心としたブランド形成・維持のための産業財産権制度の活用に関する調査研究」を加工して作成

図表6-4 他社の意匠権を発見したときの対策（アンケート結果・複数回答）

建築学科では著名建築の設計図のトレースもやるんですよね。それで設計の引き出しを増やし、設計提案が出せるようになることも多いです。参考になる建築デザインのサイトなんかもよく見ます。そうやって建築デザインも引き継がれて進化していくんですが。

どんな分野でも完全なオリジナルは存在しないですからね。インスパイアか劣化コピーかの違いなのでしょうけど……大切なのは建築デザイン分野でも意匠権の調査の必要性が高まっているということです。

なるほど…実際に意匠権が使われることって多いんですか？

過去５年間で４割前後の企業が意匠権に基づく権利行使を行ったという報告があります。ただ、日本では意匠権侵害に基づく訴訟件数は少なく、多くの問題は訴訟前に水面下で解決されています。

それでは、意匠権で得られる金銭的なメリットって何でしょうか？

経済学に「完全競争市場」という有名な概念があります。市場価格が決まるメカニズムの説明に用いられるものです。

①市場に無数の企業が存在し、いずれの企業も市場価格に影響を与えない。

②市場に参入する障壁がない。

③企業が提供する製品・サービスが同質である。差別化されていない。

④市場に関する情報をすべての市場参加者が持っている。

図表6-5 完全競争市場の条件

「完全競争市場」では、例えば企業αがある建築デザインで儲かったとしても、②のように参入障壁がないため、それを模倣する他の企業に簡単に参入されてしまいます。
しかし、③のように企業αが提供する建築デザインは差別化されていないので、競争に勝つためには価格を下げざるを得ません。①のように、いずれの企業も市場価格を制御できません。
この場合、企業αは最低限の利益しか得られないことになります。

要は、ぜんぜん儲からないということですね。

この「完全競争市場」の真逆が「完全独占市場」であり、「完全独占市場」では特定の企業の儲けを最大化できます。
意匠権は、この「完全競争市場」から離れ、「完全独占市場」に近づけるためのビジネスツールとして利用できます。

完全競争市場	→ 意匠権 →	完全独占市場
儲け最小		儲け最大

図表6-6 完全競争市場と完全独占市場

つまり、意匠登録されるのは、これまでに存在しない差別化されたデザインのみです（③）。意匠権がなければ、このようなデザインもすぐに模倣されてしまいますが、意匠権で模倣を禁ずることができれば、それが参入障壁となります（②）。
これは「完全競争市場」から離れ、「完全独占市場」に近づくことを意味し、儲けの拡大といった金銭的なメリットにつながります。

これから建築デザイン分野でも、このような活用が増えていくということですね。

これだけの影響力ですから、意匠権はビジネス機会の創出・発展のツールとして利用できます。

デザインが気に入ったから設計を頼みたいって話も多いですし。これからは「この写真と似たようなデザインにして欲しい」っていうような設計依頼は要注意ですね。

意匠登録された建築デザインは他者の劣化コピーではない証みたいなものです。設計を頼んだのはいいけど、意匠権トラブルに巻き込まれて建築途中でデザイン変更になっても困りますよね。意匠権はデザイン力と信用を示すツールとも言えます。

住宅などは一生に一度の買い物ですから、権利意識が高いということがセールスポイントになる時代になっていくかもしれませんね。

そのようなデザイン力や信用のイメージを定着させ、人々に広げていくブランディングのツールとしても意匠権を活用できます。

ブランディングか……意識したことないな。

ブランディングは魅力をいかに拡散させるか……伝言ゲームみたいなものです。例えば独自なデザインが自分の魅力なのであれば、その模倣を防いでおかないと自分独自の魅力として拡散できないですよね。意匠権は模倣を防ぐことで自分の魅力を拡散しやすくなる、という点でブランディングに有効です。

模倣建築が増えたのでは、デザインを気に入って仕事を依頼してくれた方々にも申し訳ないですし。

あと、設計者は意匠権の公報に名前が出ますからね。公的に名前がクレジットされることは、社員のモチベーション向上にもつながります。建築ポートフォリオみたいにキャリアの証明にもなりますし。また設計者への報酬制度を設けている会社も多く、内部組織の活性化は組織の発展にもつながりますね。

意匠権を建築デザインに活用するメリットが見えてきました。

Q7 保護されるのは外観の意匠設計だけ？

意匠法で保護される意匠は「物品」「建築物」「画像」のデザインに大別されます。それらの全体だけでなく部分のデザインも保護でき、所定の要件を満たせば、それらのデザインの組み合わせも保護可能です。

■意匠法

（定義等）
第二条　この法律で「意匠」とは、物品（物品の部分を含む。以下同じ。）の形状、模様若しくは色彩若しくはこれらの結合（以下「形状等」という。）、建築物（建築物の部分を含む。以下同じ。）の形状等又は画像（機器の操作の用に供されるもの又は機器がその機能を発揮した結果として表示されるものに限り、画像の部分を含む。……）であつて、視覚を通じて美感を起こさせるものをいう。

建築物の設計は、間取りや外観などを設計する「意匠設計」、構造強度を確保するための「構造設計」、空調や配管などを設計する「設備設計」に分かれます。意匠設計以外も意匠法で保護できるんでしょうか。

意匠法で保護される意匠は「視覚を通じて美観を起こさせるもの」と定義されています。建築物の利用者が通常の状態で見ることのできないものは意匠として保護できません。よって、構造設計や設備設計は意匠法で保護できないケースが多いですね。

施設の保守等のための天井裏や床下、壁裏、パイプスペースなどの配置構成はどうですか。

一般的には、建築物の利用者が通常の状態で見ることができないものなので意匠とは認められないですね。ただ、柱の構造や配管などをあえて外から見えるように設計してある場合には、保護対象となり得ます。それらは美しさのためのデザインですから。

主に建築物の意匠設計が対象ということですね。

そうなります。ちなみに意匠法で保護可能な建築物は、建築基準法で定められた「建築物」や「特殊建築物」よりも広く、土地に定着した人工の土木構造物も対象になります。例えば、橋りょうなどのデザインも保護対象です。

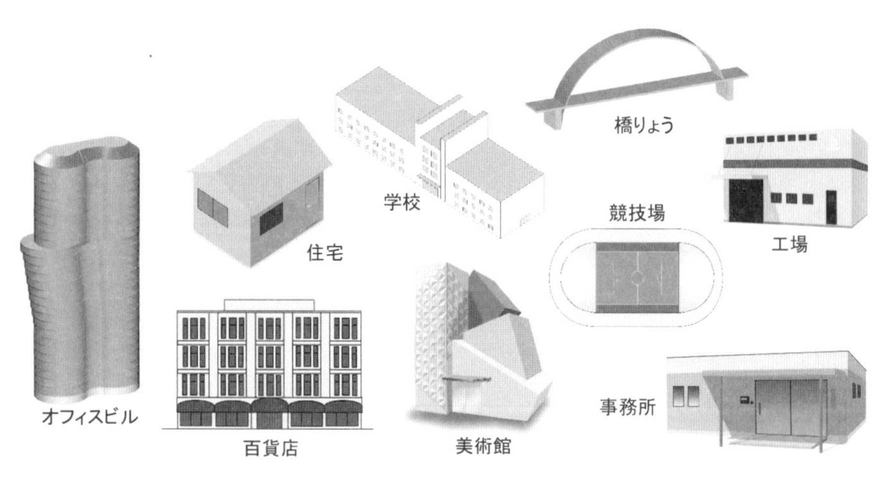

出典：特許庁ウェブサイト（https://www.jpo.go.jp/system/laws/rule/guideline/design/kenchiku-naiso-joho.html）

図表7-1 意匠法上の建築物の例

建築・土木を問わず、土地に固定された人工的な構造物であれば、建築物の意匠ということですね。

はい。ただ前述した枠組壁工法のように、工場生産されたパーツを現場で組立てるタイプの建築物のデザインは、建築物の意匠として登録することも、物品（組立て家屋）の意匠として登録することもできます。

そのふたつにはどういう違いがありますか。

物品の意匠権では、建築物の意匠権では認められない輸出等にも権利行使が可能です。そのため、枠組壁工法等の輸出住宅を考えているのであれば、物品の意匠として登録するメリットはあるかもしれません。

■意匠法

（定義等）

第二条　2　この法律で意匠について「実施」とは、次に掲げる行為をいう。

一　意匠に係る物品の製造、使用、譲渡、貸渡し、輸出若しくは輸入（……）又は譲渡若しくは貸渡しの申出（譲渡又は貸渡しのための展示を含む。以下同じ。）をする行為

二　意匠に係る建築物の建築、使用、譲渡若しくは貸渡し又は譲渡若しくは貸渡しの申出をする行為

……

（意匠権の効力）

第二十三条　意匠権者は、業として登録意匠及びこれに類似する意匠の実施をする権利を専有する。

一部のハウスメーカーが輸出住宅にもチャレンジしていますね。

ただ、そうでないのであれば建築物の意匠権が無難です。組立て家屋の意匠権が在来工法の建築物に及ぶ、とした判例も出ていませんし……特許庁の審査では組立て家屋は建築物と類似としているんですが、裁判所がこれと同じ判断をするとは限りませんからね。

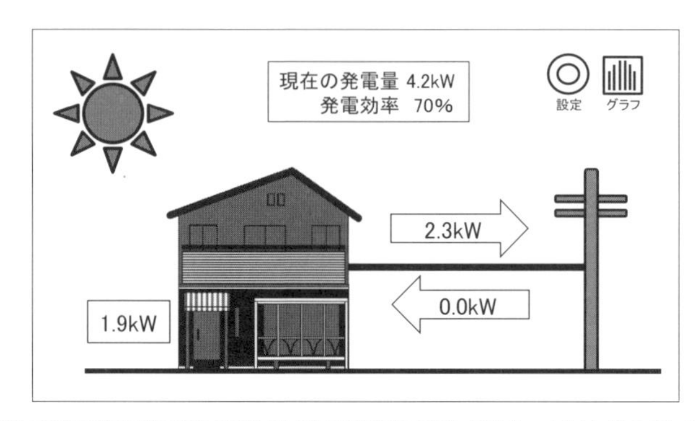

「意匠登録出願の願書及び図面等の記載の手引き」「意匠登録出願の基礎（建築物・内装）」（特許庁）を加工して作成
https://www.jpo.go.jp/system/laws/rule/guideline/design/document/h23_zumen_guideline/0314.pdf
https://www.jpo.go.jp/system/laws/rule/guideline/design/kenchiku-naiso-joho.html

図表7-2 太陽光パネルの表示・操作画面の画像意匠の例

住宅の画像も意匠権の対象なんですね。

ただかなり制限的で、画像の意匠として認められるのは、機能のための操作画像や表示画像だけです。いわゆるコンテンツは対象外です。

機能に関連する画像デザインのみが対象ということですか……このようなパネルを室内に設置することもありますからね。
そういえば内装デザインも意匠権の対象になりますか？内装設計は建築設計と違う点も多いと思うのですが。

内装デザインは、複数の家具や什器の組合せや配置、壁や床の装飾等の組み合わせによるものですね。意匠法では、原則、意匠ごとに出願する必要があるため、通常の枠組みでは内装を保護できません。

■意匠法

（一意匠一出願）
第七条　意匠登録出願は、経済産業省令で定めるところにより、意匠ごとにしなければならない。

そのため、特別規定が設けられており、以下の要件を満たす内装デザインであれば、意匠登録の対象となります。

（内装の意匠）
第八条の二　店舗、事務所その他の施設の内部の設備及び装飾（以下「内装」という。）を構成する物品、建築物又は画像に係る意匠は、内装全体として統一的な美感を起こさせるときは、一意匠として出願をし、意匠登録を受けることができる。

喫茶店

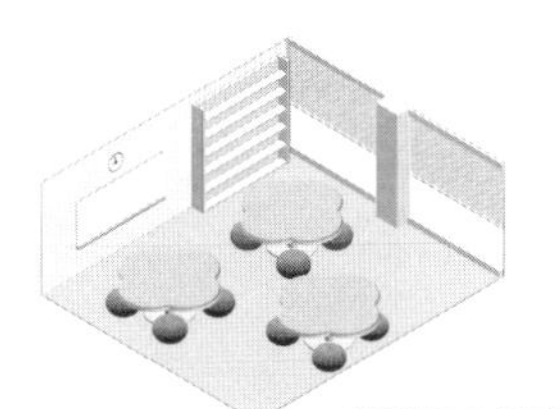

幼稚園の教室

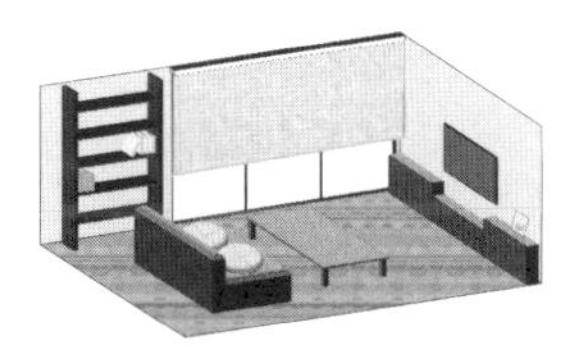

ホテルの客室

「建築・内装デザイナー向け情報」（特許庁）を加工して作成
（https://www.jpo.go.jp/system/laws/rule/guideline/design/kenchiku-naiso-joho.html）

図表7-3 意匠法上の内装の例

室内の空間全体をデザインとして捉えたものは内装の意匠ですね。

Q8 建築物のコンセプトを保護する方法はある？

意匠法上の建築物は、「土地の定着物であること」「人工構造物であること」という２つの要件を満たすものであり、このデザインが建築物の意匠として保護されます。建築デザインの核となるコンセプトを、意匠権はどのように保護してくれるのでしょうか？

【意匠に係る物品】住宅
【意匠に係る物品の説明】この住宅は、二地域居住をする人や、別荘での利用を主に想定した平屋建住宅である。
【意匠の説明】正面図、背面図、左側面図、右側面図に表された窓はいずれも透明である。
右側面図に表された玄関ドアの縦長矩形部は透光性を有する。

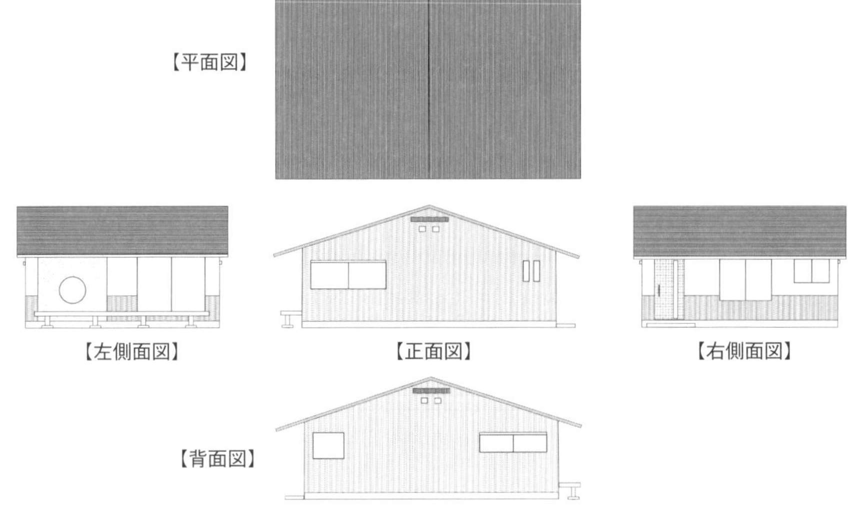

出典：特許庁ウェブサイト　https://www.jpo.go.jp/system/laws/rule/guideline/design/kenchiku-naiso-joho.html

図表8-1 建築物の外観デザインの意匠登録を受ける例

デザインの決め方は設計者によって様々ですが、よい建築ほど、定められたコンセプトが、外観や内部空間、そして建築物全体に反映されているように感じることが多いです。

コンセプトを核とするデザインですね。

著作権法がアイデアを保護しないように、意匠法もコンセプトまでは保護してくれないのでしょうか？

そうとは言い切れません。意匠法では、建築物全体のデザイン（全体意匠）のみならず、外観、内部空間、それらの一部分などの部分的なデザイン（部分意匠）についても意匠権を取得できます。
このような制度を戦略的に組み合わせて、デザインを保護することも多いです。これはコンセプトを保護することにつながっているのではないでしょうか。

種別	定義	具体例
全体意匠	物品、建築物、画像の全体の意匠	建具全体のデザイン、住宅全体のデザイン、エレベーター操作用画像全体のデザイン等
部分意匠	物品、建築物、画像の部分の意匠	建具の取っ手部分のデザイン、店舗のファサード部分のデザイン、エレベーター操作用画像のボタン部分のデザイン等

図表8-2 全体意匠と部分意匠

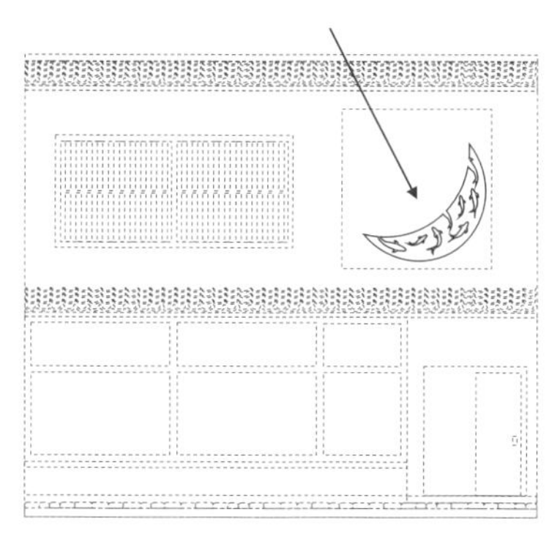

出典：特許庁ウェブサイト https://www.jpo.go.jp/system/laws/rule/guideline/design/kenchiku-naiso-joho.html

図表8-3 全体意匠の例

図表8-4 部分意匠の例

部分的なデザインについて意匠権を取得するメリットは何ですか。

特徴的な部分のみを模倣し、他の部分を変更したようなデザインにも、権利行使しやすいという点です。特にコンセプトが設計デザインの一部分に強く反映されている場合には、積極的に利用すべきですね。

【意匠に係る物品】店舗
【意匠に係る物品の説明】この店舗は、服飾用品や雑貨等を扱う路面店である。
【意匠の説明】実線で表された部分が意匠登録を受けようとする部分である。透明部を示す参考正面図において薄墨を施した部分は透明である。

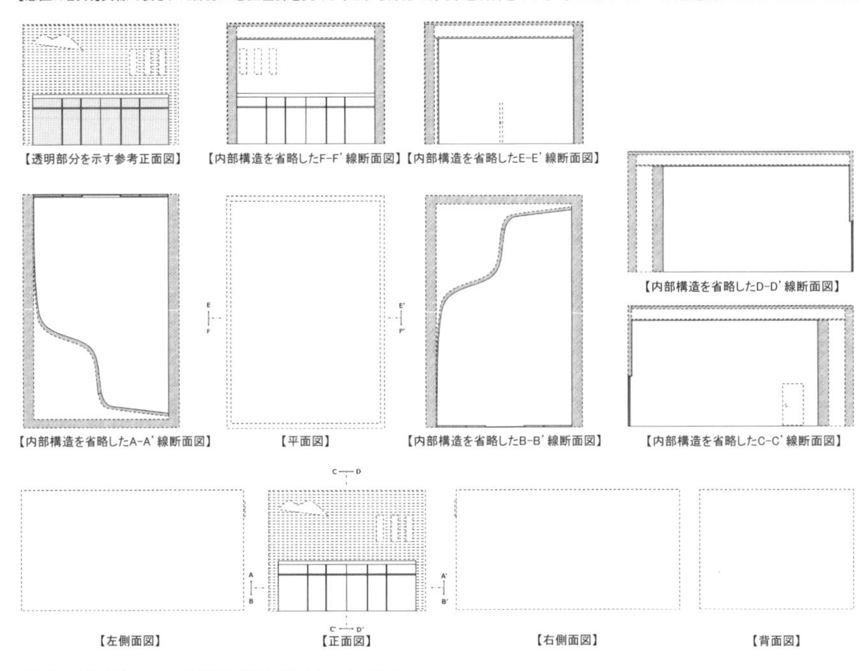

「建築・内装デザイナー向け情報」（特許庁）を加工して作成
（https://www.jpo.go.jp/system/laws/rule/guideline/design/kenchiku-naiso-joho.html）

図表8-5 建築物の内部空間について意匠登録を受ける例

建築物は敷地が前提となるため、コンセプトが同じでも敷地が変わればデザインも変わりますからね。それでも、特徴的な部分の模倣を阻止できるのは意味がありそうです。
それであれば、常に部分意匠の意匠権を取得した方がいい、ということになりますか？

必ずしもそうとは限りません。ある部分のデザインは多少異なるが、それ以外の領域のデザインがそっくりというような模倣に対しては、部分意匠よりも全体の意匠(全体意匠)の意匠権の方が権利行使しやすい場合もあります。

万全を期すためには、両方の意匠権が必要ということですか?

そうかもしれません。ただ、費用の問題もありますので、コンセプトが全体で表現されているのか、特定の部分に表れているのかによって優先順位をつけるのもよいかと思います。
また、同じコンセプトに基づく複数の建築デザインのバリエーションを、「関連意匠」という制度で保護することもできます。

①本意匠と同一の意匠登録出願人による意匠登録出願であること

②本意匠に類似する意匠に係る意匠登録出願であること

③基礎意匠の意匠登録出願の日(優先日)以後、10年を経過する日前に出願された意匠登録出願であること

図表8-6 登録意匠の対象となる関連意匠

■意匠法

(関連意匠)
第十条　意匠登録出願人は、自己の意匠登録出願に係る意匠又は自己の登録意匠のうちから選択した一の意匠(以下「本意匠」という。)に類似する意匠(以下「関連意匠」という。)については、当該関連意匠の意匠登録出願の日……がその本意匠の意匠登録出願の日以後であつて、当該本意匠の意匠登録出願の日から十年を経過する日前である場合に限り、第九条第一項又は第二項の規定にかかわらず、意匠登録を受けることができる。

似たような建築デザインということですか。

そうです。原則として、互いに類似する意匠を登録することはできません。関連意匠はこの例外であり、自己の意匠と類似する場合には、一定要件下で登録を認め、同じコンセプトに基づくバリエーションのデザインをそれぞれ保護しようとするものです。

敷地などが異なる条件で設計された同じコンセプトの建築デザインも保護できるということですね。

そういうことになります。さらに関連意匠は建築物全体のデザインだけでなく、その部分的なデザインにも利用できる制度なので、同じコンセプトに基づく建築デザインを広く保護することが可能です。
加えて「関連意匠」では、時代に合わせて変化していくデザインのバリエーションも保護できます。

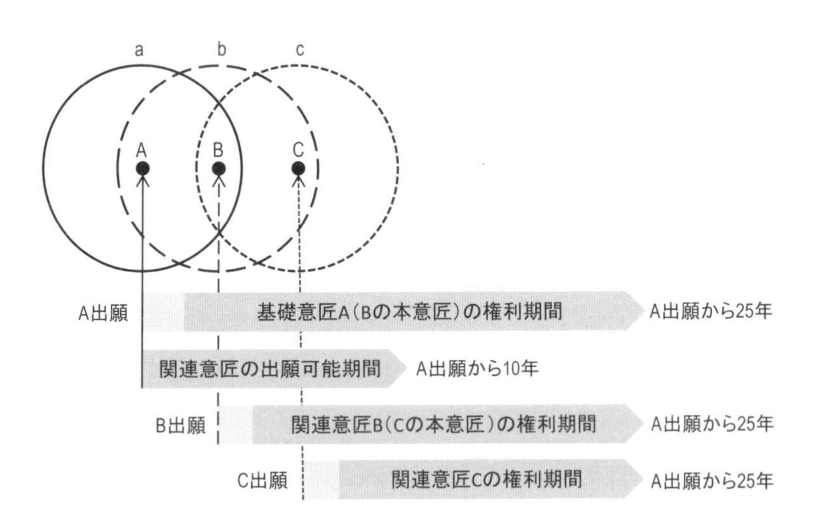

図表8-7 関連意匠制度を活用したデザインの保護

例えば、最初の意匠Aの出願から10年以内であれば、Aの類似範囲aに属する意匠BやBの類似範囲bに属する意匠Cを「関連意匠」として出願できます。これにより、審査でBがAに基づいて拒絶されたり、CがA, Bに基づいて拒絶されたりすることを防ぐことができます。ただB,Cの権利期間の終期は最長でもAと同じという制約はあります。

店舗等のデザインに流行を取り入れることもありますからね。動きのある店舗デザインはどうですか？以前、そのようなデザインを扱ったことがあります。ファサードの一部の動きが人目を引くデザインでした。

そのように形や色等といった形態が変化する意匠も登録することができます。例えば、スポットライトで描かれた模様が変化する飲食店や屋根が開閉する競技場のようなデザインです。

定義	具体例
意匠に係る物品、建築物又は画像の形状、模様又は色彩が変化する意匠	外壁に表れた照射光が変化する飲食店、屋根が開閉する競技場等

図表8-8 形態が変化する意匠の定義と具体例

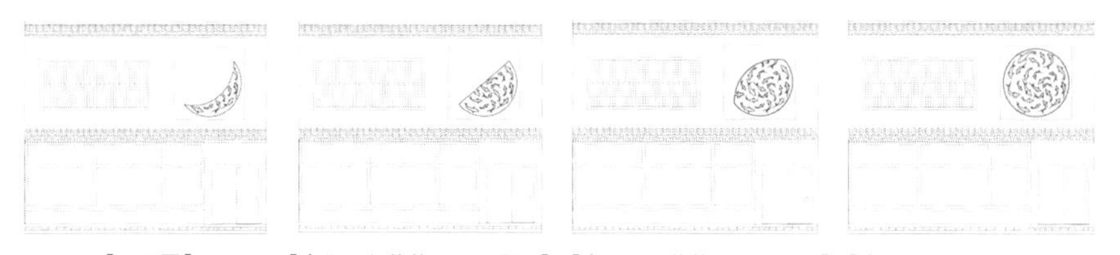

出典：特許庁ウェブサイト https://www.jpo.go.jp/system/laws/rule/guideline/design/kenchiku-naiso-joho.html

図表8-9 形態が変化する意匠の例

動きがデザインコンセプトの一部を担っていることもありますからね。このようなコンセプトを保護するために利用できる制度です。

店舗やエンターテイメント系のデザインですかね。
そういえば、アウトレットモールやテーマパーク等では、複数の建物で1つのコンセプトを表現するようなこともあります。このようなコンセプトはどのように保護すべきでしょうか？

意匠法では、原則として、複数の建築物のデザインをまとめて1つの意匠として保護することはできませんが、例外的に、全体として統一感のある複数の意匠の組み合わせを、1つの意匠としてまとめて保護する「組物の意匠」という制度が設けられています。

意匠登録の対象となる組物	具体例
①経済産業省令で定める組物の意匠に該当すること ②同時に使用される二以上の物品、建築物、画像であること ③組物全体として統一があること	一組の土木建築用品セット、一組の建築物、一組の画像セット等

図表8-10 意匠登録の対象となる組物とその具体例

■意匠法

（組物の意匠）
第八条　同時に使用される二以上の物品、建築物又は画像であつて経済産業省令で定めるもの（以下「組物」という。）を構成する物品、建築物又は画像に係る意匠は、組物全体として統一があるときは、一意匠として出願をし、意匠登録を受けることができる。

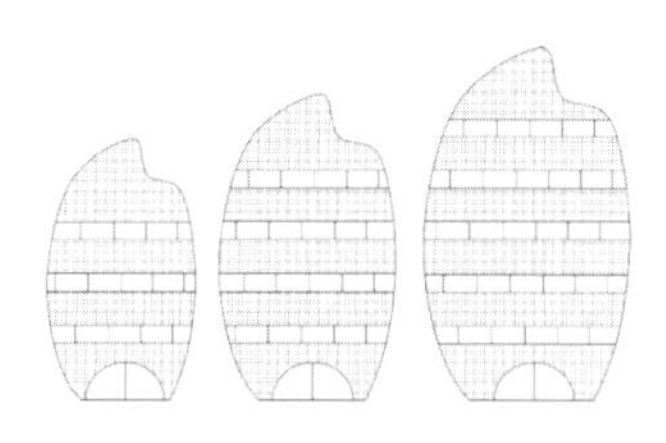

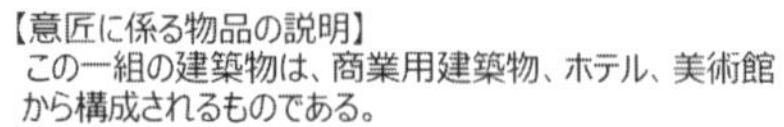
【意匠に係る物品の説明】
この一組の建築物は、商業用建築物、ホテル、美術館から構成されるものである。

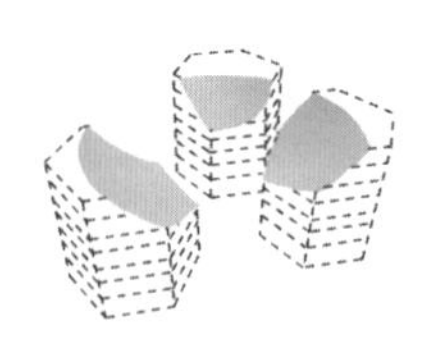

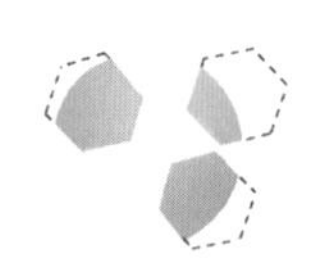

【意匠に係る物品の説明】
この一組の建築物は、商業用建築物、ホテル、美術館から構成されるものである。

出典：特許庁ウェブサイト
https://www.jpo.go.jp/system/laws/rule/guideline/design/shinsa_kijun/document/index/isho-shinsakijun-04-03.pdf

図表8-11 組物の意匠の例1

図表8-12 組物の意匠の例2

【意匠に係る物品】一組の建築物
【意匠に係る物品の説明】この建築物は、アウトレットモールなどに用いられる店舗である。
【意匠の説明】各店舗の窓部はいずれも透明である。

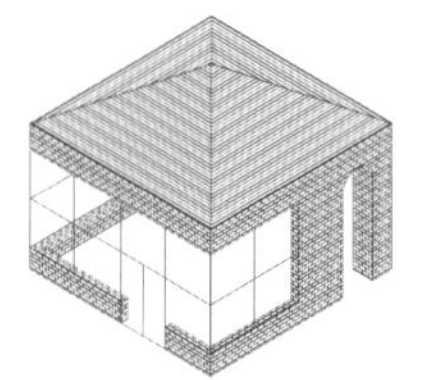
【店舗1の正面、平面及び右側面を表す図】

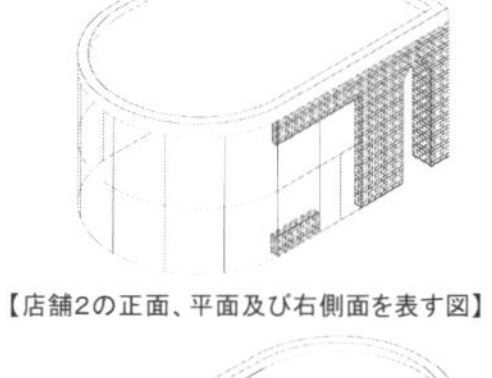
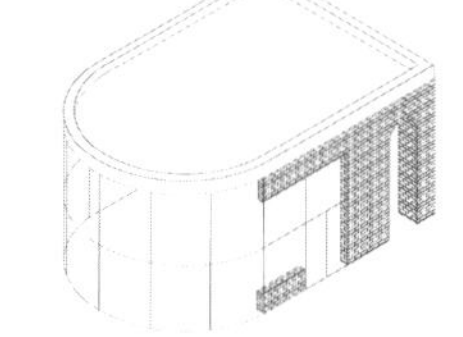
【店舗2の正面、平面及び右側面を表す図】

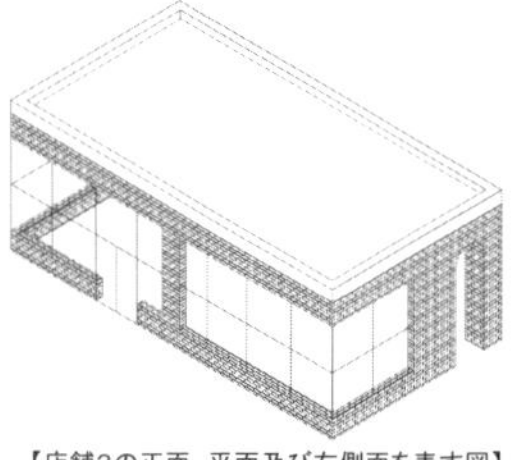
【店舗3の正面、平面及び右側面を表す図】

【店舗1の背面、平面及び左側面を表す図】

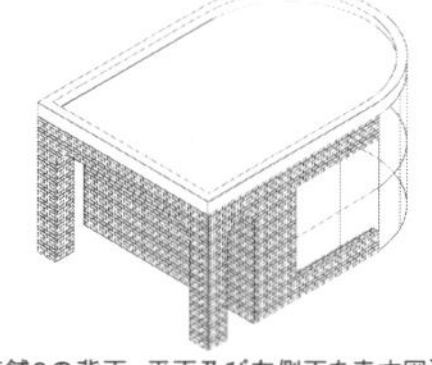
【店舗2の背面、平面及び左側面を表す図】

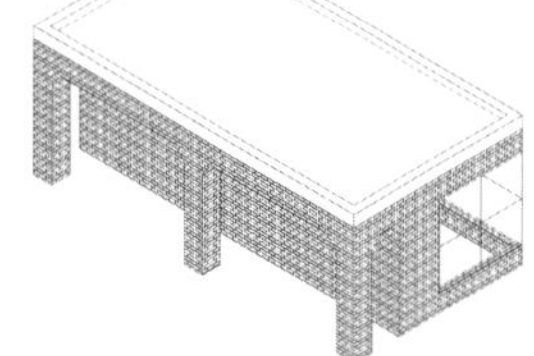
【店舗3の背面、平面及び左側面を表す図】

出典：特許庁ウェブサイト　https://www.jpo.go.jp/system/laws/rule/guideline/design/kenchiku-naiso-joho.html

図表8-13 組物の意匠の例3

複数の建築物によって醸し出される世界観を1つの意匠として保護できるわけですか。内装の意匠にも似ていますね。

そうですね。ただ、内装の意匠では物品等の相互の位置関係（配置）もデザインの一部と扱うのに対し、組物の意匠ではそのような配置を扱いません。組物の意匠では全体での統一感が重視されます。
なお組物の意匠は、建築物全体のデザインだけでなく、その部分的なデザインにも活用できます。

建築デザインのコンセプトは様々ですが、意匠法にはそれらに応じた様々な保護制度が用意されているんですね。

Q9 内装デザインはどのように保護される？

ここでは、どのような要件を満たす内装デザインが内装の意匠として保護されるのか、を見ていきましょう。

内装デザインといっても、店舗、オフィス、ホテル、病院、住宅など様々ですよね。どのような内装が対象となるんですか？

「その内部において人が一定時間を過ごすためのもの」の内装であれば対象になります。建築物の内装のみならず、車両や旅客機、船舶などの動産の内装も保護対象です。

対象はかなり広いですね。オフィスビルの全室の内装をまとめて保護するというようなことも可能なんですか？

それはできません。たしかに内装の意匠は、複数の家具や什器、壁や床の装飾等の配置や組み合わせを対象とするものですが、それでも制限はあります。原則、壁等で分断されていない一続きの一空間の内装デザインごとに保護を受けることになります。

■「内装の意匠」の登録要件

①店舗、事務所その他の施設の内部であること
②複数の意匠法上の物品、建築物又は画像により構成されるものであること
③内装全体として統一的な美感を起こさせるものであること

オフィスビルなら、例えばロビーや１つのオフィス空間ごとに保護されるということですね。

【意匠に係る物品】アパレル店の内装
【意匠の説明】透明部分を示す参考図１及び透明部分を示す参考図２において、薄墨を施した部分は透明である。

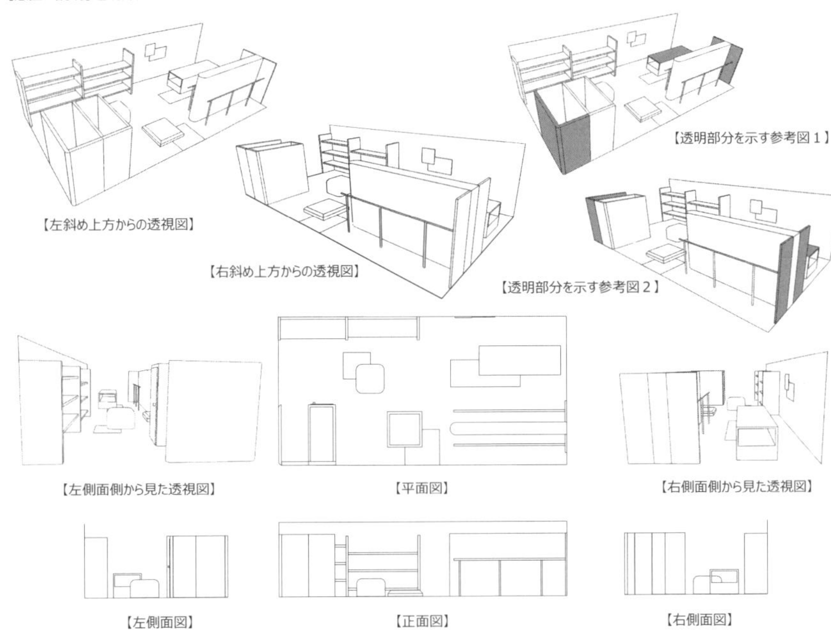

「建築・内装デザイナー向け情報」（特許庁）を加工して作成
https://www.jpo.go.jp/system/laws/rule/guideline/design/kenchiku-naiso-joho.html

図表9-1 内装の意匠の例

はい。ただ、ガラス等の透明な壁で仕切られた空間のように、視覚的に一続きの空間と認識できる場合には、その空間全体を一つの内装の意匠として保護することも可能です。

一空間となると、先ほどの建築設計と同様、隠れた柱や配管等はだめそうですね。

そうですね。利用者が通常の状態で見ることができる一空間内に柱や配管等が配置されているのであれば内装の意匠の一部となり得ますが、そうでない場合には対象外です。

一空間内に、ワークスペースとカフェとが併設されるような場合はどうですか？

その場合には、1つの内装の意匠となり得ます。

異なる用途の施設をまとめて保護することもできるんですね。

はい。あと……内装の意匠は施設の内部を主としたデザインである必要はあるのですが、入口が外に開放されたカフェのように、施設の内部が外部とつながっているデザインも対象となります。内部に付随する外部のデザインを一部に含んでいてもよいとされています。

必ずしも内部に閉じた空間デザインでなくてもよいということですね。

そうなります。ただ、いずれのケースも内装全体で統一的なデザインとなっていることが前提です。内装全体でのバランス・リズム・調和・繰り返しとか、それを前提としたアクセントとか、一貫したコンセプトのビジュアル的な表現とか……そういったデザインの統一性が要求されます。

①構成物等に共通の形状等の処理がされているもの
②構成物等が全体として一つのまとまった形状又は模様を表しているもの
③構成物等に観念上の共通性があるもの
④構成物等を統一的な秩序に基づいて配置したもの
⑤内装の意匠全体が一つの意匠としての統一的な創作思想に基づき創作されており、全体の形状等が視覚的に一つのまとまりある美感を起こさせるもの

図表9-2 内装全体として統一的な美感を起こさせるものの例

内装設計ってそういうものですからね。逆にそれがないと内装のデザインとは呼べないのではないでしょうか。

そうですね。内装全体で統一感がない場合には、その構成物ごとの意匠ということになります。

内装設計では、入店時などに目に留まる「フォーカルポイント」を意識してデザインすることもあります。このような場合はどうでしょうか？

そのような場合でも、内装全体で統一感があれば保護対象となります。たとえば[▩]のような例が該当すると思います※。
さらに内装の意匠でも、その部分的なデザインについて意匠権を取得することも可能です。これにより、目立つ部分を中心としたデザインのみを模倣し、その他を変更したような場合に権利行使しやすくなることもあります。ケースバイケースではありますが。

内装の意匠例

※本書における記述は、筆者の個人的な見解であり、リンク先の意匠権者とは一切関係なく、リンク先の意匠権者には一切の責任はございません。

その点は建築設計の場合に似ていますね。内装の意匠と、建築物の内部空間のみの意匠権との違いはなんですか？

内装の意匠は、複数の構成物の組み合わせや配置によるデザインです。これに対し、建築物の内部空間のみの意匠は、その建築物から独立した什器などの他の構成物のデザインを含みません。この場合、内装の意匠ではなく、建築物内部の部分意匠として登録の対象となります。

建築設計と同様に、同じコンセプトに基づく、複数の内装デザインのバリエーションも登録できますか？

はい。関連意匠ですね。内装の意匠でも関連意匠を利用することが可能です。さらに内装の全体だけでなく、その部分のデザインを関連意匠として保護することもできます。

内装設計でも、一貫したコンセプトの保護が可能なんですね。

チェーン店の内装などは、同じコンセプトに基づくものが多いですよね。コンセプトが同じ店舗には入りやすいし、同じサービスを期待しますから。内装の意匠の保護は、そういった一貫したコンセプトに基づく集客効果を守る意味もあります。

内装設計で客層も変わりますからね……コンセプトは重要です。

Part 1

基礎編

Chapter ❷

大企業だけじゃない！
意匠権のリスクとメリット

Q10 どんなふうに義務や責任が発生する？

他者に意匠権が発生すれば、その影響で建築などの行為が禁じられ、様々な責任が生じる可能性があります。また、契約において、他者の意匠権トラブルに関する取扱いを定めていた場合には、それを守る義務もあります。さらに、建築に携わる者には、それぞれの立場に期待されるレベルの誠実さも求められ（これを「信義則」といいます）、それに基づく責任も想定されます。これらのリスクを知ることは、建築実務者が意匠権トラブルを避けるための第一歩です。まずは、いっしょに考えてみましょう。

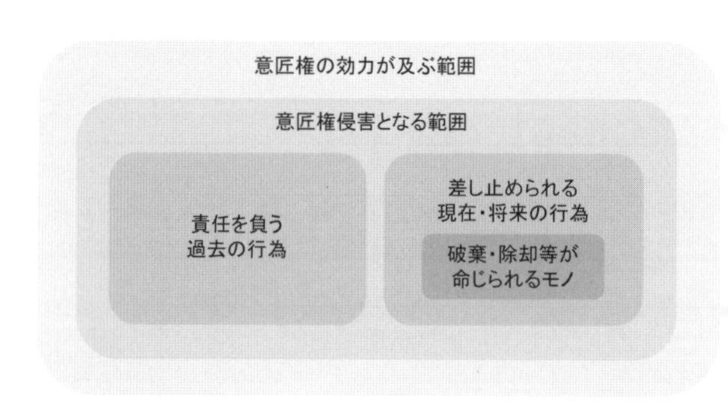

図表10-1 意匠権に基づくリスク

意匠権で禁止されるのは、そのデザインが存在することそのものということですか？

いや、正確にはそうではありません。たしかに意匠権を取得すると、その効力によって特定のデザインを独占することができます。しかし、この効力は誰かの特定の「行為」を禁止するものです。

効力というのがピンとこないですね……具体的にはどのような行為が禁止されるのでしょうか？

それでは、以下のような建築の典型的な発注方式で考えてみましょう。

設計者 ―（建築設計・監理業務委託契約）― 発注者 ―（建築工事請負契約）― 施工者

設計者	基本設計	実施設計	監理	
施工者			施工	
発注者				使用・譲渡・貸渡し等

図表10-2 設計施工分離方式

設計者と施工者が、独立に設計・監理と施工を行うケースですね。

はい。設計者は建築物の設計・監理のみを行い、施工者は施工のみを行います。完成した建築物は発注者に引渡され、その後、発注者は、建築物を使用したり、他者に販売したり、賃貸したりします。
注意してほしいのは、これらはすべて「誰かの行為」だということです。

施工者が施工するとか、発注者が使用するとかですね……

このような「誰かの行為」を禁じ、原則、意匠権を持つ者（「意匠権者」といいます）のみが実行できるようにする力が「意匠権の効力」です。その力の及ぶ範囲を「意匠権の効力が及ぶ範囲」と呼ぶことにしましょう。

さきほどの場合、どのような行為が禁じられるのですか？

先ほどの例では、施工者が事業として建築や販売を行うこと、発注者が事業として建築物を使用・販売・賃貸することなどが禁じられます。一方、発注者が建築物を自らの住居として使用することなど、個人的・家庭的な行為は問題ありません。

設計者の設計や監理はどうですか？

今のところ、意匠法では建築物の設計や監理について定めはなく、原則、これらの行為が意匠権で直接禁止されることはないでしょう。ただ、設計者に責任がないわけでありません。

行為の内容によりけりですね。
このような意匠権の効力が及ぶ範囲がリスクということですか？

そうですね。ただ、「意匠権の効力が及ぶ範囲」にあるにもかかわらず、ある行為が例外的に許される場合もあります。

それは、どのような場合ですか？

意匠権者から許諾（ライセンス）を受けた場合や、意匠法で例外的に許されている場合などです。「正当な権原や理由がある」といいます。

免罪符みたいなものですね。

いいたとえですね。その免罪符を持たない他者（第三者）が「意匠権の効力が及ぶ範囲」の行為を行うと、意匠権侵害となります。これにより過去の行為の責任を負ったり、現在の行為が制限されたり、将来侵害しないように何らかの行為が命じられたりする場合があります。

具体的に、どのようなことですか？

過去の行為についていえば、意匠権を侵害する模倣建築のせいで、意匠権者の顧客が奪われたようなケースが考えられます。それによる意匠権者の売上の減少分などを、模倣建築の施工者や発注者が金銭で補う（損害賠償）責任を負ったりします。

現在や将来の行為については、どうですか？

意匠権を侵害する建築物の施工や使用などの停止（差止）や、そのままにしておくと、将来、侵害行為に使われるおそれがあるモノの破棄等が命じられることがあります。
後者については、将来、意匠権を侵害する「建築」「使用」などの行為に用いられるおそれのあるパーツの破棄、商業施設の改修・改築や取り壊しやなどが考えられます。

商業施設の取り壊しは、影響が大きいですね。

将来の侵害の予防とのバランスなので、どのようなケースが取り壊しにいたるのかは、事例の蓄積を待つしかありません。将来、侵害となる商業的な行為に用いられるおそれのない、引き渡し済の「住宅」などであれば、取り壊しなどということはないでしょう。

結局、問題となる設計をした設計者の責任が大きい気がしますね。

そうですね。ただ直接的には、意匠権者は、発注者や施工者の責任を追及することになるでしょう。

その場合、設計者にも追及が及ぶことは考えられるのでしょうか？

意匠権者から責任を追及された発注者等が、今度は設計者との契約に基づいて、設計者に義務を果たすよう求めることになります。例えば、発注者等が意匠権者に支払う金銭を、設計者に求めるなどです。

設計者は間接的に責任を負う、ということですか？

そうなります。さらに、社会的な地位などから考えて、設計者には意匠権侵害を避けるよう注意する義務があるとなれば、契約内容にかかわらず、設計者に責任が及ぶ可能性もあります。実際にどうなるかは、今後の事例の蓄積を待つことになります。

いろいろリスクがありますね。他人事ではなさそうです……

Q11 どんな行為に対して効力が及ぶ？

建設業界には様々な発注方式が存在し、発注においては重層的な下請け構造がみられることも少なくありません。このような複雑な関係において意匠権の効力はどこに及ぶのでしょうか。

複雑になりそうですね……施工が細分化することも多いですし。

そうですね。先ほど話したように、意匠権の効力は特定の「行為」に及びます。そのため、誰がその「行為」を行っているのかが重要になります。意匠法では、この意匠権の効力を以下のように定めています。

■意匠法

（意匠権の効力）
第二十三条　意匠権者は、業として登録意匠及びこれに類似する意匠の実施をする権利を専有する。

「業として」って普段使わない言葉ですね。

「事業として」「ビジネスとして」と解釈してよいと思います。

民間工事と公共工事とで、違いはありますか？

営利目的の有無は問わないので、民間工事にも公共工事にも意匠権の効力は及びます。個人的・家庭的な行為以外は対象と考えていいですね。

なるほど……そもそも「意匠の実施」という表現は、どういうことを表しているのですか。

意匠法では、以下のような行為を、「意匠の実施」と定めています。

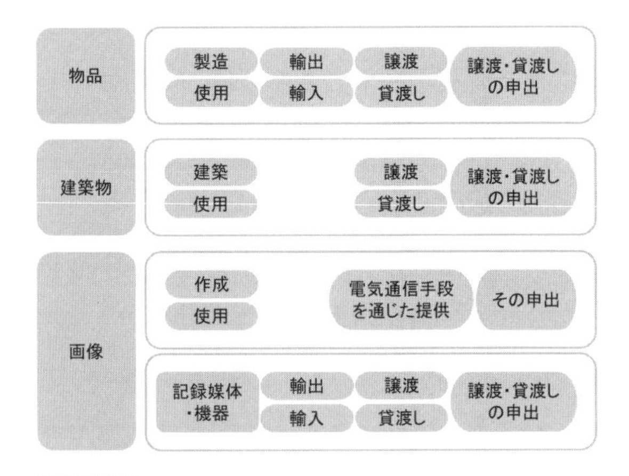

図表11-1 意匠の実施とは

物品、建築物、画像に分かれているんですね……

物品、建築物、画像それぞれの意匠（Q2）に対する行為やその表現が異なるため、意匠の種類に応じて実施行為も異なります。例えば、動産として取引される物品は「輸出」できますが、組み立て家屋を除く建築物は「輸出」できないですからね。

具体例で考えた方がイメージしやすいかな……

それでは、建築の発注方式にあてはめながら見ていきましょう。

設計者	基本設計	実施設計	監理	
施工者			施工	
発注者				使用・譲渡・貸渡し等

図表11-2 設計施工分離方式

先ほどのパターンですね。

はい。施工者の施工は「建築物の建築」「物品の製造」、展示や広告は「譲渡の申出」、引き渡しや販売は「譲渡」、発注者の行為は「建築物」「物品」の「使用」「譲渡」「貸渡し」にあたり、いずれも「意匠の実施」となります。一方、設計者の設計や監理は「意匠の実施」ではありません。次にこちらではどうでしょう。

設計者	基本設計	実施設計	監理	
施工者		技術協力	施工	
発注者				使用・譲渡・貸渡し等

図表11-3 ECI（Early Contractor Involvement）方式

施工者が設計段階から設計者に技術協力するパターンですね。

この技術協力は、施工者が施工ノウハウを設計者に提供し、設計に反映させるものですが、これは「意匠の実施」ではありません。それでは次はどうでしょう。

設計 施工者	基本設計	実施設計	施工・監理	
発注者				使用・譲渡・貸渡し等

図表11-4 設計施工一括発注方式

これは設計と施工を同じ会社に発注するパターンですね。

この場合も設計は「意匠の実施」に該当しませんが、設計を行う会社が施工や引き渡しなどの「意匠の実施」を行います。次はどうでしょう。

元請け 施工者	指揮監督	
下請け 施工者1	下請け施工	指揮監督
下請け 施工者2		下請け施工

図表11-5 下請け施工の例

今度は下請けが施工するパターンですか。

はい。この場合、登録意匠やそれに類似する意匠の建築物を、どの施工者が施工するのかが問題となります。これはケースバイケースですね。

この例では元請けは、指揮監督のみを行っていますね。

指揮監督は「意匠の実施」ではありません。ただ、これによって、元請け施工者が下請け施工者の行為に対する責任を負うことはあるかもしれません。参考になる判例は［QR］からご覧ください。次はどうでしょうか。

最高裁
昭和37年12月14日判決

什器販売者	専用什器の製造・譲渡			
施工者		施工		
発注者			所有	譲渡

図表11-6 予備的行為の例

専用什器を外注するパターンですか？

はい。この専用什器は登録意匠の内装デザインの施工に使われる特注品です。しかし、それは内装の一部にすぎず、専用什器の製造・譲渡などは登録意匠やそれに類似する意匠の実施ではありません。また、発注者の建築物の所有自体は、たとえ譲渡目的だったとしても実施ではありません。

確かにそうですね……

ただ意匠権の効力は、例外的に意匠権侵害につながる可能性の高い行為にも及びます。そのため、このような専用什器の製造・譲渡や、建築物の譲渡目的の所有にも、意匠権の効力が及ぶ場合があります。

意匠権の効力が広がるって感じかな……

はい。これは「間接侵害」といって、意匠権侵害につながる可能性の高い行為を未然に阻止し、デザインの保護を強化しようとするものです。知的財産の保護の難しさを補う制度の一つになります。

形のない建築デザインをしっかり保護するための制度ですね。

Q12 どこまで似ていると効力が及ぶ？

意匠権の効力は登録意匠だけでなく、それに類似する意匠にまで及びます。しかし、意匠が類似するか否か（これを「意匠の類否」といいます）の線引きは容易ではなく、意匠を保護しようとする側はその類似範囲を広く解釈しようとするし、その意匠権から逃れようとする側は逆に狭く解釈しようとし、そこに争いが生じてきました。意匠の類否の判断は、そのように蓄積された事例や学説に基づいて行われます。

似ていると思うかどうかって、人それぞれですよね……感覚的で。

そうですね。でも意匠の類否は意匠権を侵害するか否かなどに直結するため、同じ基準で判断しないと不公平ですね。意匠権の対象となる建築デザインは財産ですから、その価値も左右します。

たしかに。勝手な感覚で決められたら、やってられないですね。

そのようなことから、意匠の類否は、あくまで客観的な基準に基づいて判断されます。通常の感覚とだいぶ違うかもしれません。

客観的といっても、誰の立場に立つのかで変わりますよね。設計者と施主とでは、建築デザインに対する見方も違います。

建築デザインの場合、設計者の立場ではなく、「需要者」(取引者も含みます)の立場で判断することになります。住宅であれば施主や購入者、商業施設であれば所有者や利用客などの立場になります。それぞれデザインのどこに注目するかが違いますからね。判断を左右します。

■意匠法

(登録意匠の範囲等)

第二十四条　2　登録意匠とそれ以外の意匠が類似であるか否かの判断は、需要者の視覚を通じて起こさせる美感に基づいて行うものとする。

たしかに、そんな気がします。

次に、意匠の類似は、その対象となる物品・建築物・画像(物品等)が同一又は類似であることが前提です。どんなにデザイン(形態)が似ていても、物品等が非類似なら意匠は非類似です。つまり、以下の①が同一の意匠、②③④が類似の意匠、その他が非類似の意匠です。

		物品等(物品・建築物・画像)		
		同一	類似	非類似
形態(デザイン)	同一	①	③	×
	類似	②	④	×
	非類似	×	×	×

図表12-1 意匠の類否

そもそも、物品等、例えば、建築物が類似するってどういうことですか。

それは「用途と機能」に基づいて判断されます。所説ありますが、大体以下の基準で判断されています。

同一物品とは用途および機能が同じものをいい、類似物品とは用途が同じで機能が異なるものをいう。

高田忠著『意匠』138頁から引用

物品等の詳細な用途及び機能を比較した上でその類否を決するまでの必要はなく、具体的な物品等に表された形状等の価値を評価する範囲において、用途（使用目的、使用状態等）及び機能に共通性があれば物品等の用途及び機能に類似性があると判断するに十分である。

出典：意匠審査基準（特許庁）

建築物でいえば具体的にどのようなものが類似と判断されるんですか？

特許庁では、「住宅」「病院」「レストラン」「オフィス」などの建築物は類似すると判断しています。人がその内部に入り、一定時間を過ごすという点で、用途及び機能に共通性があるということで。

広く捉えるんですね……これらが類似なのは意外です。

一方で、例えば、河川等の上に道路や鉄道等を通すための「橋りょう」は、「住宅」などと非類似と判断されています。

なるほど……これは、わかる気がします。

次に「形態」が類似しているか否かです。これは少し難しいかもしれません。以下がその客観的基準になります。

意匠の類否を判断するに当たっては、意匠を全体として観察することを要するが、この場合、意匠に係る物品の性質、用途、使用態様、さらに公知意匠にはない新規な創作部分の存否等を参酌して、取引者・需要者の最も注意を惹きやすい部分を意匠の要部として把握し、登録意匠と相手方意匠が、意匠の要部において構成態様を共通にしているか否かを観察することが必要である。

自走式クレーン事件（東京高裁平成10年6月18日判決）

ちょっと難しいですね……

おおざっぱにいうと、対比する建築デザインの共通点・差異点を特定し、需要者の目線でそれらが注意を引くか引かないかを評価し、これらを総合的にみて判断します。

建築デザインでいうと、どこが注意を引くと言えるのでしょうか？

全体に占める割合が大きい部分とか、住宅であれば、お客さんが住宅を展示場で見たり、実際に使ったりするときによく目にする部分ですね。外観だとファサードは目立ちます。室内やバルコニーの内側なども使用時にはよく目にします。あと、従来と比べて斬新なデザインは注意を引きますよね。

逆に注意を引かないのは、どのようなところになりますか？

屋根の上とかそれに近い部分とか、ありきたりなデザインとかですね。

住む人からすると、あまり気にならないかもしれないですね。

注意を引くところが同じだと、意匠全体も「似ている」って感じやすいし、違うと「似ていない」って感じやすいですよね。一方、注意を引かないところは、同じでも違っても全体としてあまり影響はありません。それらを総合的に評価して、意匠全体の類否が判断されます。

総合的って……どんな感じですか？

対比する建築デザインの共通点と差異点を、それぞれ、「どの程度注意を引きやすいか」でスコア付けして、共通点の総合スコアが相違点の総合スコアより大きくなれば類似、そうでなければ非類似って感じですね。全体の印象も見ますが。

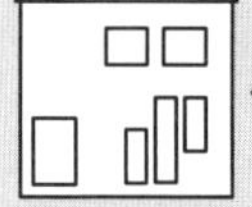
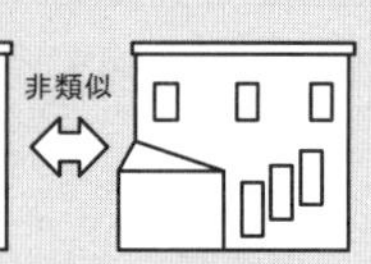

※この図は意匠の利用のイメージを表すものであり、実際の利用関係の判断結果とは一致しない場合があります。

図表12-2 意匠の類否※

このように意匠の類否は全体で判断しますから、一部が同じでも全体としてみれば非類似ということもあります。

たしかに……そんな気がします。

ただ、非類似であっても、登録意匠又はそれに類似する意匠を、そっくりそのまま取り込んだデザインには、例外的に意匠権の効力が及びます。このようにデザインを取り込むことを「利用」とよびます。

デザインを取り込むと「利用」になるということですか？

デザインを部分的に取り込むことすべてが「利用」にあたるわけではなく、ほかの部分から区別できなくなっている場合には「利用」は成立しません。例えば、左のような場合には「利用」が成立しても、右のように混然一体と取り込まれた場合には「利用」は成立しません。

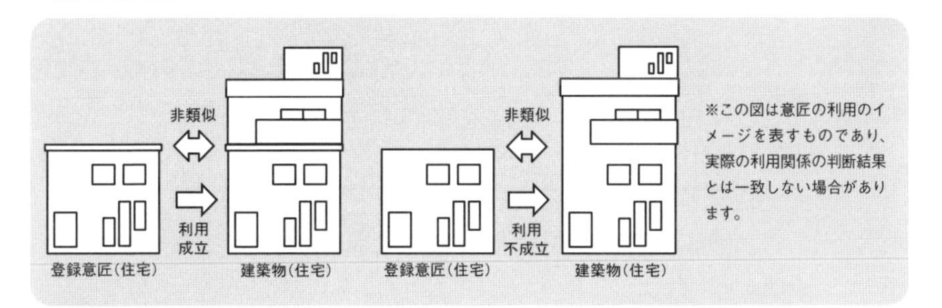

図表12-3 意匠の利用※

これは、建築物同士以外でもあてはまりますか？

はい。物品等が同一であっても、物品等が異なっていても「利用」は成立します。例えば、意匠登録されたドアと、そのドアが設けられた建築物との間にも「利用」が成立します。

気を付けないといけない範囲が分かりました。

Q13 効力が及ばないのはどんなとき？

意匠権の効力が及ぶ範囲に属していても、実情を考えると、効力を及ぼすことがふさわしくない場合があります。今回はこのようなケースについて見ていきましょう。

権利を取得したのに、「効力を及ぼすことがふさわしくない」というのは気になりますね。どういうことですか？

それではまず、意匠権を持つ施工者がその意匠の建築物を建て、完成した建築物を分譲業者に引き渡したケースを考えてみましょう。分譲業者はこの建築物を購入者に販売しますが、正しく取得したものなので特に問題はなさそうですよね。

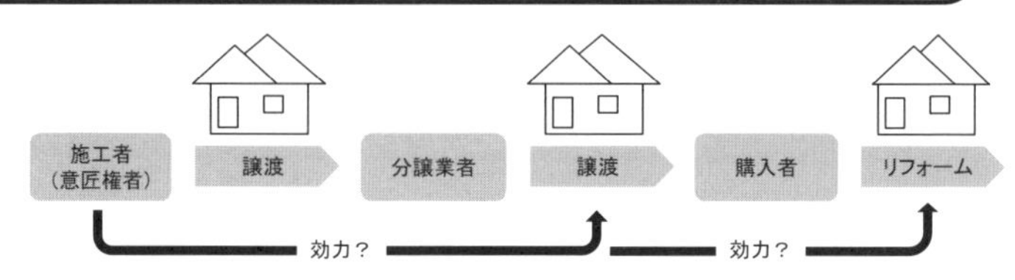

図表13-1 意匠権者からの譲渡

建売住宅の販売ですね……問題なさそうですが。

ところが、この分譲業者が建築物を販売する行為は、登録意匠を事業として実施する行為に当たります。でも、施工者は分譲業者が販売することを前提に施工依頼を受けているでしょうし、建築費用も受け取っています。販売のたびに承諾を求められても煩わしいだけですよね。

効力が及ぶのは、実情にあってないですね。

そのため、意匠権者がこのような建築物を譲渡した場合、その意匠権はこの建築物について目的を達成して尽き、その効力はこの建築物の再譲渡などには及ばないとされています。これを「消尽」といいます。特許のものですが、[QR]は実際の判例です。

「インク・カートリッジ事件」
最高裁
平成19年11月8日判決

正規に取得したなら、後はどう扱おうが自由ということですか？

そうとは限りません。別の施工者がこの建築物のリフォームを行い、それが新たな「建築」に当たるのならば、効力が及ぶ場合もあります。どの程度のリフォームがこれに該当するかは事例の蓄積を待つしかありませんが、[QR]の判例が参考になると思います。

「インク・カートリッジ事件」
最高裁
平成19年11月8日判決

なるほど。リフォームの際には検討がいるということですね。

同じように、施工者が、意匠権者である販売者から建具などを購入し、それを使った建築物を販売することにも効力は及ばないでしょう。つまり、Q12で話した「利用」に該当しても効力は及ばないということです。

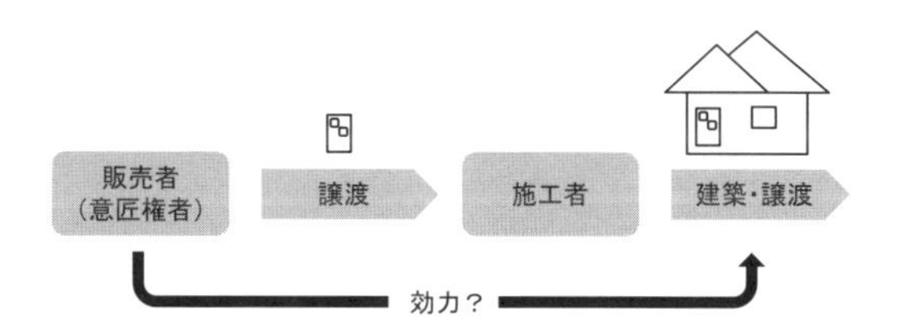

図表13-2 意匠権者からの建具の譲渡

使ってもらうための販売ですからね。納得できます。

次は、施工者Aが出願した意匠に類似する意匠を、別の施工者Bが先に建築事業として実施したり、その準備をしたりしていたケースです。

出願　登録

施工者A（意匠権者）　審査過程　意匠権

施工者B　実施である事業又はその準備

図表13-3 先使用権：出願の際に実施である事業等を行っていたことに基づく通常実施権

先に施工者Bが似たような意匠を採用していた、ということですね。

はい。このケースで特定の要件を満たせば、この意匠権の意匠を実施する権利（「通常実施権」といいます）が施工者Bに発生します。
この通常実施権の範囲内であれば、施工者Bに施工者Aの意匠権の効力は及びません。

具体例にはどのような要件ですか？

まず、施工者Aの登録意匠と施工者Bの建築物の意匠が偶然に類似している必要があります。要は、これらが別ルートで独自に創作された意匠でなければなりません。
施工者Bが自ら設計した場合、施工者B以外の設計者が設計した場合、いずれであってもかまいません。

少なくとも盗用ではない、ということですね。

はい。施工者Bがこの意匠を実施する建築事業またはその準備を、施工者Aの出願時に国内で行っていたならば、この意匠及び建築事業の目的の範囲内に限り、施工者Aの意匠権の効力は施工者Bに及びません。

どこまで準備していればいいんですか？

基準は以下の通りです。例えば、施工者Bが下請けに設計図を提出して見積り依頼をしているような段階であれば準備と認められるでしょう。

いまだ事業の実施の段階には至らないものの、即時実施の意図を有しており、かつ、その即時実施の意図が客観的に認識される態様、程度において表明されていることを意味すると解するのが相当である。

ウォーキングビーム事件（最高裁昭和61年10月3日判決）

「ウォーキングビーム事件」
最高裁
昭和61年10月3日判決

次は、施工者Aが先に意匠登録出願を行っていましたが、新しくない意匠である（新規性なし）、という理由で拒絶されたケースです。それにもかかわらず、後に施工者Bがこれと類似する意匠を出願したところ、今度は登録されています。

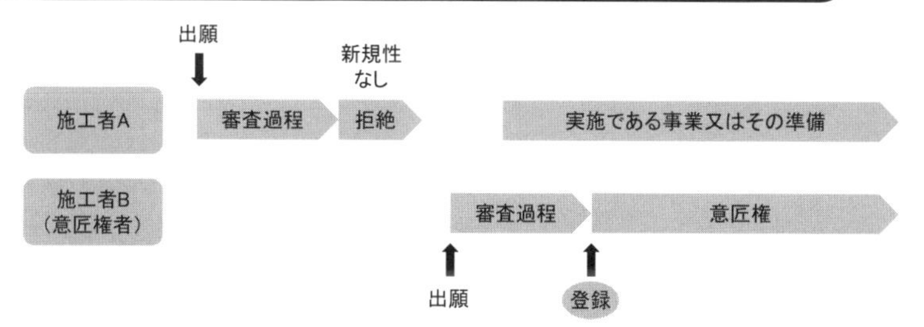

図表13-4 先出願権：先に出願していたことに基づく通常実施権

このケースでは、施工者Aにも意匠権があるんですか？

いいえ。拒絶されているので施工者Aに意匠権はありません。ただ、このような場合であっても、特定の要件を満たせば、施工者Aに通常実施権が発生し、施工者Bの意匠権の効力は及びません。

それはどのような要件ですか？

まず、施工者Aが先に出願して先ほどの理由で拒絶された意匠と、施工者Bの登録意匠とが、偶然に類似している必要があります。

少なくとも盗用ではなく、偶然似ていたということですね。

さらに施工者Bの意匠登録時に、施工者Aが出願した意匠を実施する建築事業またはその準備を国内で行っている必要があります。先に出願していれば、事業などは意匠登録時でもよいということです。この場合、施工者Aの意匠及び建築事業の目的の範囲内に限り、施工者Bの意匠権の効力は施工者Aに及びません。

なるほど。他にも効力が及ばない場合はありますか？

これまで述べたケース以外にも通常実施権が発生するケースはあります。また、意匠権者から承諾（ライセンス）を受けた行為や、意匠権が消滅した後の行為にも効力は及びません。

いろいろあるんですね。

Q14 意匠権を持っていれば安心？

意匠権を取得したからといって、必ずしもその意匠に関するリスクがゼロになるわけではありません。意匠権を持つ施工者が、その登録意匠やそれに類似する意匠の建築物を建てる場合であっても、他者の知的財産権が絡むトラブルに巻き込まれることもあります。

意匠権を取得すれば、建築デザインを独占できるんですよね。

たしかに意匠権は建築デザインをある意味独占できる権利です。
しかし、既に他者が比較的近いデザインの意匠権を取得していたり、その機能面の特許を取得していたりすることもあります。
そのデザインについて、他者が立体商標の商標権を取得していたり、他者に著作権が発生していたりすることもあるかもしれません（Q1-Q4）。

審査をパスしないと意匠権は発生しないとのことでしたが……

たしかに意匠権が発生したのは、出願時に登録や公開されていた意匠と非類似の意匠です。しかし、Q12で触れたように、他の登録意匠と非類似であっても、その登録意匠を「利用」する意匠もあります。

なるほど、そうでしたね。

また、次のように、互いに類似していない意匠でも、それらの類似範囲が重なることもあります。
さらに異なる法律では、独自の要件で権利が発生するため、実質的に同じ対象に重複して権利が発生することもあります。

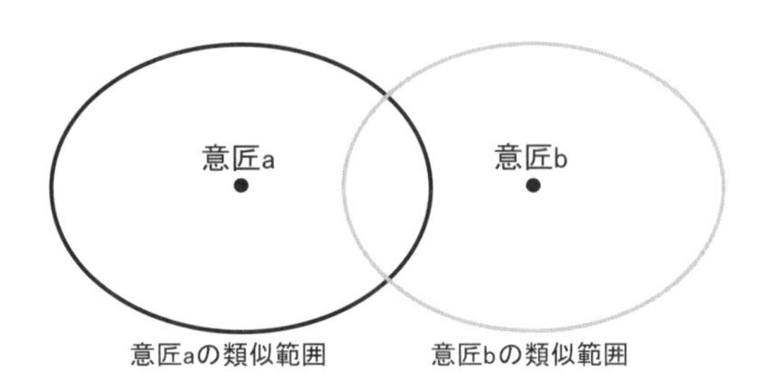

図表14-1 意匠の類似関係

似たような建築デザインに複数の権利……交通整理が必要そうですね。

その通りです。一例として他者の意匠権との関係をみてみましょう。以下のケースでは、先に出願した施工者Aが意匠ａの意匠権αを取得し、後に出願した施工者Bが意匠ｂの意匠権βを取得しています。

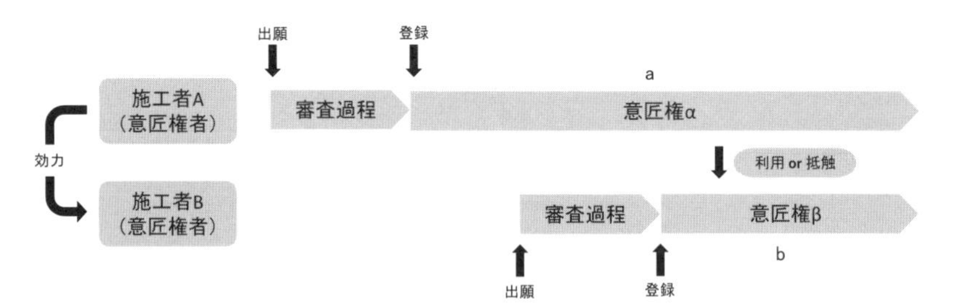

図表14-2 利用・抵触関係の例

ここで、以下のように、登録意匠bやそれに類似する意匠b'が、登録意匠aやそれに類似する意匠a'を「利用」していたとします（Q12）。

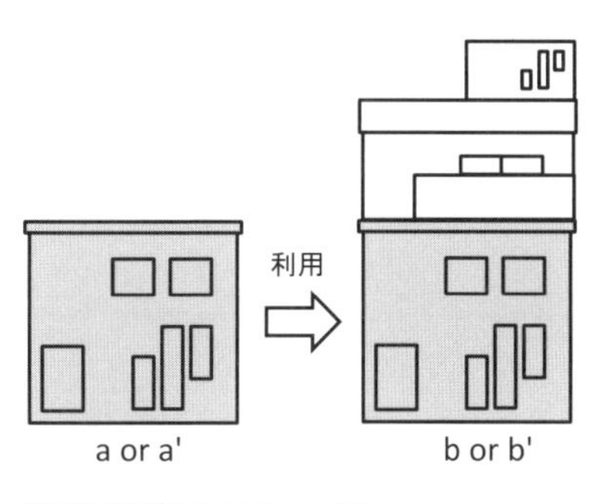

図表14-3 利用関係の例

利用にも効力が及ぶんでしたね。このような場合、どうなるんですか？

先に出願した施工者Aの意匠権αの効力によって、後に出願した施工者Bの意匠権βが制限されます。つまり、施工者Bは、この「利用」を行っているbやb'を実施できません。早いもの勝ちといったところです。

早いもの勝ちのルールで交通整理する、ということですね。

そうです。また次のように、登録意匠bに類似する意匠b'が登録意匠aにも類似していた場合も同様です。つまり、次のようにa,bの類似範囲が重なるケースです。
このように権利が互いに重複することを「抵触」というのですが、このようなケースでは、施工者Bは意匠b'を実施できません。

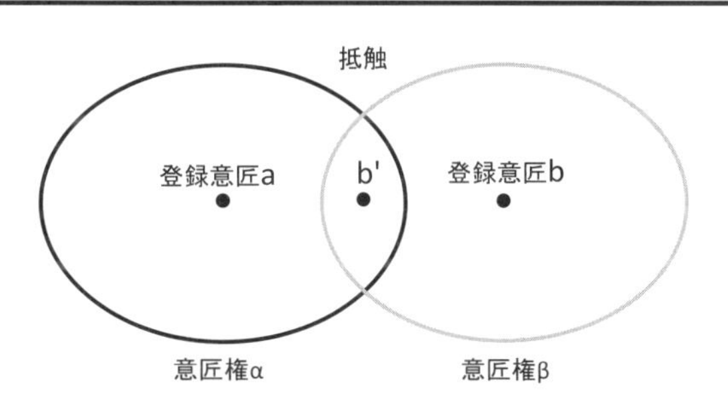

図表14-4 抵触関係の例

このケースでも、後に出願した方が不利なわけですね。

bやb'が施工者Aの特許発明や登録された実用新案を「利用」していたり、特許権や実用新案権や商標権や著作権と「抵触」していたりした場合も同様です。いずれも早いもの勝ちルールによって意匠権βが制限されます。

他の法律の権利からも制約を受けるんですね。

はい。次は下請けに施工を発注するケースです。このケースでは、施工者と設計者が意匠権を一緒に所有（共有）しています。施工者が設計段階から設計者に技術協力するECI方式などのケースです。施工者は、設計者に断りなく、下請け施工者にその登録意匠の建築物の施工を発注しています。

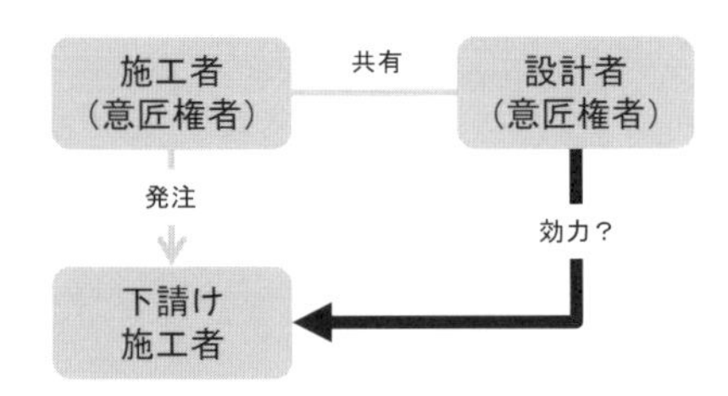

図表14-5 共有者の下請け発注の例

下請けに施工を発注することはよくあります。

ただ、下請け施工者は意匠権者ではありません。また、この施工者は、設計者の同意を得なければ、下請け施工者に意匠の実施を許諾（ライセンス）することはできません。

この下請け施工者は、仕事を受けられないということですか？

そうとは限りません。このような場合であっても、下請け施工者が施工者（意匠権者）の「一機関」に過ぎない、と解釈できれば問題ないでしょう。具体的には、以下の①～③のすべての条件を満たせば「一機関」と認められます。

①権利者との間に工賃を払って製作せしめる契約の存在すること
②製作について原料の購入、製品の販売、品質についての権利者の指揮監督があること
③製品を全部権利者に引き渡し、他へ売り渡していないこと

模様メリヤス事件（大審院昭和13年12月22日判決）

下請け施工者との関係次第ということですね。

建築工事でキーとなるのは施工者による指揮監督の有無です。下請け施工者は元請け施工者の「一機関」と解釈できるケースが多そうですが、下請け施工者の裁量で施工を行う部分があるときには注意が必要です。

下請け施工者の意匠トラブルで施工全体が遅れるのは避けたいですね。

Q15 ライセンスしたり譲渡したりすることはできる？

意匠権の活用方法は、①自己による実施、②ライセンス、③譲渡、の３つに分けられます。①は意匠権の独占的な効力によって、自己の建築事業や店舗経営などを有利に進めるものです。一方、②は他者に意匠を実施する権利（これを「実施権」といいます）を許諾し、その対価（これを「実施料」といいます）を得るもの、③は意匠権を他者に売却して利益を得るものです。

「譲渡できる」というのは、土地などの不動産にも似ていますね。

そうですね。意匠権は特定の意匠を支配する権利ですから、特定の土地を支配する所有権に似た部分もあります。具体例で見てみましょう。以下の例では、施工者Aが意匠権者となっています。

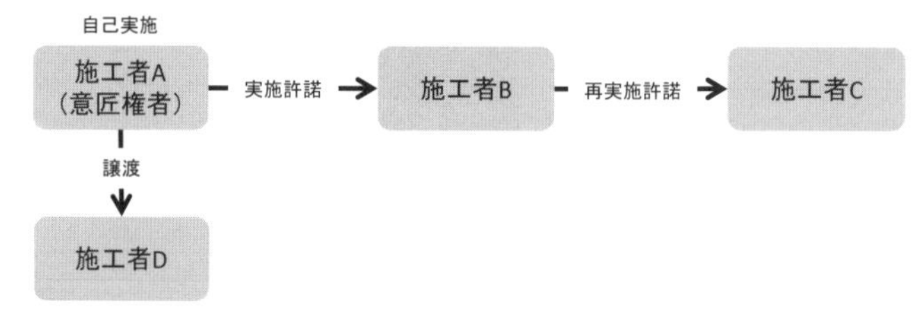

図表15-1 意匠権の利用形態

施工者Aが意匠権を所有しているわけですね。土地を所有しているような感じかな。

施工者Aは、この意匠権の意匠の建物を建てたり販売したりといった実施行為を独占できます（①）。ただ土地と違うのは、意匠権の場合には他者の無断実施を直ちに発見できるわけではないという点です。その点、意匠権は土地の所有権より監視負担が大きいといえます。

確かに土地なら無断使用をすぐに発見できますからね。

また施工者Aは、実施権を施工者Bに許諾し、代わりに実施料を受け取ることも可能です（②）。この際、施工者A,B間の契約で、許諾対象の実施行為・地域・期間などを制限したり、施工者Bが施工者Cなどに実施権を再許諾できることを定めたりもできます。

土地の利用を許諾するような感じですね。契約内容は自由に決めてもいいんでしょうか？

基本的に当事者（施工者A,B）間で自由に定めて構いません。ただ、契約内容が独占禁止法に触れないよう気を付ける必要はあります。これについては、の指針が参考になります。

知的財産の利用に関する
独占禁止法上の指針

具体的にどのようなライセンスを許諾できるんですか？

実施権は、土地の地上権に似た「専用実施権」と、賃借権に似た「通常実施権」に分けられます。※

※地上権は、建築物などを所有するために他人の土地を使用・収益することを目的とした権利（物権）です（民法265条）。
一方、土地の賃借権は、賃貸人との賃貸借契約（民法601条）に基づいて賃借人が土地を使用・収益できる権利（債権）です。

ライセンスにもいろいろあるんですね。

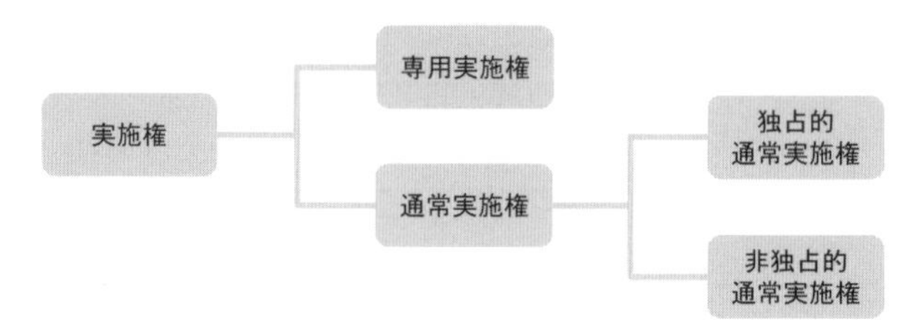

図表15-2 実施権の種類

専用実施権は、意匠を独占的に実施できる権利です。意匠権者自身も、専用実施権を設定した範囲では実施ができません。

意匠権者自身も実施できなくなるとは、少し意外です。

この専用実施権を設定できるのは意匠権者（施工者A）のみであり、専用実施権が設定された者（専用実施権者）（例えば施工者B）は、意匠権者に代わって差止の請求（差止請求）や損害賠償の請求（損害賠償請求）を行うこともできます（Q10）。独占的で強力な権利ですから、同じ範囲に重複して専用実施権を設定することはできず、さらに設定したことを特許庁に登録しないと効力も発生しません。

ライセンスといっても、意匠権そのものに近い感じかな……

一方、通常実施権は、単に意匠を実施できる権利です。意匠権者（施工者A）だけでなく、その承諾があれば、専用実施権者（例えば施工者B）も他者（例えば施工者C）に通常実施権を許諾できます。原則、同じ範囲に重複して通常実施権を許諾することもでき、これによって意匠権者や他の実施権者の実施が制限されることもありません。

こちらの場合、施工者A自身も実施できるんですね。

ただ、施工者A,B間の契約によって、施工者Aが施工者Bのみに通常実施権を許諾し、他の者に許諾しないことを約束することもできます。このような通常実施権を「独占的通常実施権」と呼び、それ以外の通常実施権を「非独占的通常実施権」と呼びます。前者の場合に施工者Aの実施を制限することもあります。

契約の内容次第ということですね。

また通常実施権を許諾された者（「通常実施権者」といいます）は、他者に差止請求を行うことはできません。しかし、独占的通常実施権者であれば、侵害者に損害賠償請求できる場合もあります。

	専用実施権	通常実施権
実施権を与えることができる者	意匠権者	意匠権者又は専用実施権者
登録の必要性	要	不要
第三者への差止・損害賠償請求	可	不可（独占的通常実施権では損害賠償請求可能）
実施権を与えた者の自己実施	不可	可（契約で制限可能）
重複設定・許諾	不可	可（契約で制限可能）
実施権の再許諾	承諾があれば可	承諾があれば可

図表15-3 専用実施権と通常実施権の比較

契約では他にどのようなことを定めておくとよいですか？

例えば、実施料やその支払い方、第三者の知的財産権への対応、許諾対象の意匠権の有効性に関する対応、許諾した意匠に関連するデザインの扱い、契約等の譲渡禁止、契約の解除条件などです。

実施料の取決めも大切ですね。

また施工者Aは、施工者Dに意匠権を譲渡することもできます（③）。

土地の売却みたいなものですね。譲渡されるとどうなるんですか？

施工者Dが意匠権者になり、①②③のように意匠権を活用できるようになります。なお、権利と義務を一括して承継（一般承継）する場合（相続・合併・会社分割など）を除き、意匠権が移転したことを特許庁に登録しないと、移転したことにはなりません。

意匠権を譲渡した後、施工者Aはどうなりますか？

施工者Aが意匠権全体を譲渡したのであれば、施工者Aはその意匠権が及ぶ意匠を実施できなくなります。
施工者Aは意匠権の一部のみを譲渡することもでき、この場合には、意匠権は施工者A,Dの共有となります。こうなると施工者A,Dは、原則、互いに同意を得なくてもこの意匠を実施（①）できるようになります。施工者A,Dがさらに他者に実施権の設定・許諾（②）や意匠権の譲渡（③）を行う場合には、互いの同意が必要です。

一部移転登録申請書

譲渡前にライセンスを受けていた施工者B,Cはどうなりますか？

意匠権全体を譲渡したかどうかにかかわらず、譲渡前に専用実施権者や通常実施権者であった施工者B,Cは、引き続き実施を継続できます。

なかなか複雑ですね。実際の活用には検討すべきことが多そうです。

Q16 複数人で持ち合うことはできる？

夫婦で資金を出し合って住宅を購入した場合、その住宅の名義人はその夫婦2人となります。これは「1階が夫のもの、2階が妻のもの」ということではなく、2人が住宅全体を共同で所有し、それぞれの割合（これを「持分」と呼びます）で権利を持つことを意味します。これを「共有」と呼びます。同様に意匠権も複数人で共有することができます。ただ、その対象はデザインという形のない情報であり（Q1）、住宅などとは異なる扱いが必要です。

共有って概念的ですね。形のない情報となるとさらに……。

それではまず、どのように意匠権が共有されるのかを見ていきましょう。大きく分けると、①複数人で一緒に意匠登録出願をしてそのまま意匠権が共有されるパターンと、②意匠権を譲渡することで意匠権が共有されるパターンとがあります。

共有といっても、いろいろあるんですね。

まず①のパターンです。以下では、出願人A，Bが一緒に出願を行い（これを「共同出願」といいます）、審査を経て意匠権の設定登録を受け、A，Bで意匠権を共有しています。誰が出願してもよいわけではなく、A，Bが「意匠登録を受ける権利」を持っていることが前提です。この意匠登録を受ける権利は出願前に発生します。

意匠登録を受ける権利の共有				意匠権
出願人A / 出願人B	共同出願 →	審査・設定登録 →	意匠権の共有	Aの持分 / Bの持分

図表16-1 共同出願によって意匠権が共有される場合

事前に発生する権利もあるということですか。混乱しそうです……。

意匠登録を受ける権利は、その意匠の創作とともに創作者（建築の場合には設計者）に自動的に発生します。他者の意匠を盗用したような者には発生しない権利です。A，Bが共同して意匠を創作した場合、その時点で意匠登録を受ける権利はA,Bの共有となります。

チームで意匠設計を行ったり、図面作成を外注したりすることもあります。こんな感じでしょうか？

ここが難しいところで、意匠登録を受ける権利が発生するのは、意匠を現実に創作した設計者だけです。具体的な発想を示さずに設計を指示しただけのチームリーダー、設計者の指示に従って図面作成をしただけの者、単なる資金提供者などには発生しません。

設計にかかわっても認められるとは限らないんですね。

そうですね。ただ、この意匠登録を受ける権利は移転できます。そのため、この権利の一部をA、残りをBに譲渡したり、この権利を持つAがその一部の持分をBに譲渡したりすれば、意匠登録を受ける権利はA,Bの共有となります。

後で共有することもできるんですね。

はい。意匠登録を受ける権利が共有されると、共有者を守るために、以下のような制約が課せられます。例えば、意匠登録を受ける権利を共有するA，Bは、共同出願でなければ出願できません。

■意匠登録を受ける権利が共有された場合の制約

（1）共有者が共同で行わなければならないこと
- 意匠登録出願
- 共有者に不利益を与える可能性がある特定の手続き※、審判※・再審の請求、審決等に対する訴え

（2）他の共有者の同意を得なければならないこと
- 意匠登録を受ける権利の持分の譲渡
- 仮通常実施権※の許諾

※共有者に不利益を与える可能性がある特定の手続きとしては、意匠登録出願の変更、放棄及び取下げ、請求、申請又は申立ての取下げなどがあります。

※審判とは、特許庁での判断（処分）の見直しのための不服申し立て制度です。また、審決等に対する訴えとは、この審判の結果の取消しを求めて裁判所に提起できる行政訴訟であり、再審とは、一度確定した審判の結果に対して、特別な理由があるときにのみ認められる特別な不服申し立て制度です。

※仮通常実施権とは、意匠権の設定登録があったときに、通常実施権が許諾されたものとみなされる権利です。意匠設定登録前に、意匠登録を受ける権利を持つものが許諾できます。

勝手にされると、共有者に迷惑がかかるという感じですかね。

そうですね。特に（1）は影響が大きいので共有者が共同で行う必要があります。
先ほど話したように、A，Bが共同出願を行ってそのまま意匠権がA，Bに共有されると、それぞれにその意匠権の持分が与えられます。
一般的に意匠権の持分の比率は、意匠登録を受ける権利の持分の比率と同じであり、契約などによって決められたものです。何も決めていなければA，Bの持分は互いに等しいと推定されます。

持分が違うと何が変わるんですか？

契約によりますが、持分に従って、受け取るライセンス料などの利益の分配や、意匠権の維持などに必要な費用負担の割合などが決まります。持分が大きくなると利益も負担も大きくなるのが一般的です。

受け取るお金や負担する費用が持分しだいということですね。

意匠権がA，Bで共有されると、今度は以下のような制約が生じます。これも共有者を守るためです。

■意匠権が共有された場合の制約

（1）共有者が共同で行わなければならないこと
- ・審判・再審の請求など

（2）共有者全員に対して行わなければならないこと
- ・審判・再審の請求など

（3）他の共有者の同意を得なければならないこと
- ・意匠権の持分の譲渡、意匠権の持分を目的とした質権の設定※
- ・実施権の設定・許諾

※意匠権の持分を目的とした質権とは、債権者（お金を貸している人など）が債権の担保として意匠権の持分を指定し、債務が履行されないときに（お金を返してもらえないときなどに）、その持分を債権の弁済（お金の返済など）に充てることができる権利です。意匠権の持分を目的とした質権の設定は、特許庁に登録することで効力が発生します。

次は②のパターンです。以下では、意匠権者Aが意匠権の持分の一部を意匠権者Bに譲渡しています。このように譲渡したことを特許庁に登録すると、この意匠権はA,Bの共有となります。
A,Bの持分比率は契約で定められ、何も決めていなければA，Bの持分は互いに等しいと推定されます。

図表16-2 意匠権の一部譲渡によって意匠権が共有される場合

意匠権が発生した後でも共有にできるということですね。

以下のような②のパターンもあります。以下では、意匠権者Cが意匠権の一部の持分をAに譲渡し、残りの持分をBに譲渡しています。この場合も、譲渡したことを特許庁に登録すると、この意匠権はA,Bの共有となります。持分を分け合うという点では同じですね。

意匠権
意匠権者C
譲渡
意匠権者A
意匠権者B
移転登録
意匠権の共有
意匠権
Aの持分
Bの持分

図表16-3 複数人への意匠権の譲渡によって意匠権が共有される場合

A，Bがそれぞれ持分を持つ状態ということですね。

意匠権がA，Bで共有されたときの制約は、先ほど話した通りです。どのように共有されても同じです。

いずれにしても、共有になると制約を受けるので注意が必要ということですね。

Q17 どのようなときに消滅する？

意匠権の効力は、その意匠権の消滅後の行為には及びません。また消滅後に過去の侵害行為の責任を追及することはできますが、その過去の時点で意匠権が存続していたことが前提です。ここでは、意匠権がどのようなときに消滅するのか、どの時点から消滅するのか、ということを見ていきましょう。

意匠権は一定の期間だけ有効なんでしたよね。

そうですね。意匠権の存続できる期間（これを「存続期間」といいます）は意匠法で定められており、その期間は法改正のたびに延長されてきました。
ただ、すべての意匠権に一律に同じ改正法が適用されるわけではなく、それらの出願日によって、適用される改正法が異なります。具体的には、以下の基準で存続期間が決まります。

発生　消滅
出願　審査過程　設定登録　意匠権
① 15年
② 20年
③ 25年

出願日	意匠権の発生	存続期間の満了
①2007年3月31日以前	設定登録	設定登録から15年
②2007年4月1日以降2020年3月31日以前	設定登録	設定登録から20年
③2020年4月1日以降	設定登録	出願から25年

図表17-1 意匠権の存続期間

期間が同じではないということですか……気を付けないと間違いそうですね。

注意すべきなのは、存続期間の満了日をいつから数えるのか、という点です。①②は設定登録日※の翌日から、③は出願日の翌日から数えます。

※意匠権の設定、移転、消滅などは特許庁の原簿に登録されますが、それらのうち、設定の登録を「設定登録」と呼びます。なお、意匠権は設定登録によって発生します。

①②と③とでは違うんですね。

出願から設定登録までにかかる日数は案件によってまちまちです。①②では設定登録日を基準にするので、設定登録が遅れるとそれだけ存続期間の満了日も遅くなります。一方、③では出願日が基準なので、設定登録が遅れても満了日が後ろにずれ込むことはありません。

③の方が目途を立てやすいですね。

このように意匠権は存続期間の満了によって消滅するのですが、それよりも早く消滅する場合もあります。例えば、意匠権を維持していくには毎年分の登録料を特許庁に納付しなければならないのですが、これが納付されないと意匠権は消滅します。

費用を払わないと意匠権が消滅するということですね。

はい。審査をパスした後、1年目の登録料を支払うと意匠が設定登録されて意匠権が発生します。この意匠権を2年目以降も維持するためには、さらに維持しようとする年度の前年以前に、毎年分の登録料を納付しなければなりません。

具体的に説明してもらっていいですか。

例えば、以下のように4年目も意匠権を維持するのであれば、その前年である3年目以前に、4年目分の登録料を納付する必要があります。3年目以前であれば1年目や2年目のときに納付しても構いません。

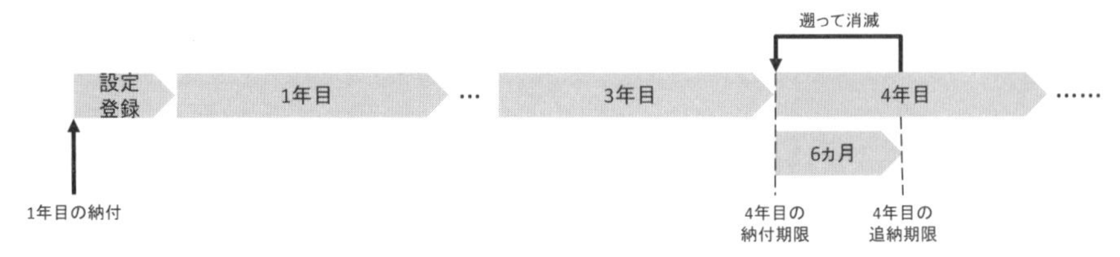

図表17-2 登録料の納付期限と意匠権の消滅

その期限を過ぎると意匠権が消滅するのですか？

そうではありません。納付期限は特許庁から通知されませんので、うっかり期限を過ぎてしまった、ということもあるかもしれません。そのため、期限を過ぎても、それから6カ月以内に納付（「追納」といいます）すれば、意匠権は消滅しないことになっています。
ただし、この場合には、災害などの特別なケースを除き、その年の登録料が2倍に割増されます。

ペナルティみたいなものですね。

はい。この6カ月の期限を過ぎても納付されないと、原則、本来の納付期限（上の例では3年目が終わった日）に遡って意匠権が消滅したとみなされます。つまり、この本来の納付期限前まで（上の例では3年目まで）に限り、意匠権が存続していたことになります。

途中で消滅してしまうということですね。

その通りです。ただし、このように意匠権が消滅した場合であっても、災害などの「正当な理由」で納付が遅れていたのであれば、一定要件下で特別に追納が認められます。この追納が行われると、消滅していた意匠権が回復します。

例外もあるということですね。

また、意匠登録が無効とされるケースもあります。審査の誤りなどにより、本来登録されるべきではなかったのに意匠登録されてしまったケースや、登録後に生じた理由（これを「後発的無効理由」※といいます）によって、意匠権を存続させるべきではないケースです。
このような場合、第三者は意匠登録の無効を請求（これを「無効審判の請求」といいます）でき、それが認められると意匠権が消滅します。

※国と国との間の取り決めの変更などによって、意匠登録がされた後に、それまで認められていた外国人に意匠登録が認められなくなったり、それまで認められていた意匠の登録が認められなくなったりするケースが「後発的無効理由」に該当します。

出願 → 審査過程 → 設定登録 → 意匠権

無効審判 → 無効

遡って消滅

原則：消滅

例外：意匠権 ｜ 消滅

後発的無効理由

図表17-3 無効審判の確定による消滅

それは、どのようなケースですか。

意匠登録を無効にできる理由は意匠法で定められており、それ以外の理由で無効にすることはできません。いろいろありますが、例えば、出願時に公開されていた意匠と類似していたにもかかわらず、誤って意匠登録されていたケースです。

たしかに、意匠の類似判断って難しそうでしたね。

意匠登録が無効になると、原則、その意匠権は設定登録時に遡って消滅したものとみなされます。つまり、最初から意匠権が発生していなかったことになります。
ただし、後発的無効理由によって無効になった場合には、その理由に該当する時点に遡って消滅したものとみなされます。なお、この後発的無効理由は条約違反などのレアケースに限られています。

その他、意匠権者が自ら意匠権を放棄し、それが特許庁に登録されると、それ以降の期間について意匠権が消滅します。この場合には、放棄の登録までは、意匠権が存続していたことになります。
なお、専用実施権者などがいる場合には、その承諾がないと放棄できません。また、共有された意匠権の一部の持分のみが放棄されたときには、その持分が他の共有者に移るだけであり、それだけでは意匠権は消滅しません。

出願 → 審査過程 → 設定登録 → 意匠権 → 消滅

放棄登録

図表17-4 放棄による消滅

消滅にもいろんなパターンがあるんですね。

Part 2

実務編

Chapter ❸

こんなときどうする？
注意したい建築実務

Q18 模倣や盗用に対して何ができる？

意匠登録された建築デザインの模倣や盗用といった意匠権の侵害行為（Q10）には、財産を侵されたときに適用される一般的な救済が認められます。ただ、建築デザインは、市場にたくさん出回ったり、メディアに頻繁に露出したりするものではないため、その侵害行為の発見は困難です。意匠法には、この点を補う特別な規定が設けられており、それによって保護が強化されています。

確かに、苦労して作り上げた建築デザインが簡単に盗用されるって、財産を盗まれるようなものですね。

はい。そのような意匠権侵害に対して裁判所に請求できるのは、①現在の侵害の停止や将来の侵害の予防と、②過去の侵害に対する救済になります。

過去の侵害			現在の侵害・将来の侵害のおそれ
不法行為による損害賠償	不当利得の返還	信用回復の措置	差止請求 破棄・除却等の請求

図表18-1 侵害に対する民事上の救済

盗用されたデザインの建物が販売されていたり、そのような店舗で営業が行われていたりしたら、まずはそれをやめさせたいですね……

侵害行為が続いているのであれば、それをやめるよう相手に警告するのが通常です。それでもやめないようなら裁判所に①を請求することになります。これを「差止請求」※と呼びます。

※意匠登録されても、最長3年間に限り意匠の内容を非公開にできる「秘密意匠」という制度を利用していた場合、登録意匠を相手に提示して警告した後でなければ、差止請求することはできません。

■差止請求

・侵害をする者に対する侵害の停止の請求
・侵害するおそれのある者に対する侵害の予防の請求
・侵害行為を組成した物の廃棄、侵害の行為に供した設備の除却その他の侵害の予防に必要な措置の請求

例えば、どのようなことができるんですか？

意匠権を侵害する建築・販売・使用等の行為をやめさせたり、将来このような行為を行わないよう求めたりできます。
さらに、将来、このような行為に用いられるおそれのあるパーツの破棄、建物の改修・改築や取り壊しの請求等も考えられます。どこまで認められるかは事例の蓄積を待つことになりますが、所有権が住人に移転した住宅への差止請求は認められないでしょう。個人的な使用は侵害ではなく、通常、将来の侵害のおそれもありませんから。

裁判って時間がかかるんですよね。

差止請求は、通常の訴訟手続き（これを「本案訴訟」といいます）で行うこともできますが、差止が遅れると著しい損害が発生するなどの事情がある場合には、「仮処分」※という簡易な手続きで行うことも可能です。仮処分では本案訴訟よりも早く差止を行うことができます。

※仮処分では比較的早期に差止を行うことができますが、相手の行為を差し止めた後、本案訴訟等によって差し止めが不適切であったと判断された場合には、逆に意匠権者が損害賠償責任を負うこともあります。多くの場合、そのようなときに相手に支払う損害賠償金の担保として「保証金」を支払っておく必要もあります。

早くやめさせる方法もある、ということですね。
②の救済って、どのようなものですか？

過去の侵害行為で生じた損害や損失などを取り戻したり、回復させたりするものです。例えば、競合するハウスメーカーが登録意匠に類似するデザインの住宅を無許可で販売してシェアを奪っていたり、粗悪な模倣で意匠権者の信用を落としたりした場合の救済です。

具体的には、何を求めることができるんですか？

一般的なのは、侵害によって受けた損害の賠償の請求です。このような請求を「不法行為による損害賠償請求」といい、これが認められるためには、以下のすべての要件を満たす必要があります。

■一般不法行為が成立するための要件

（a）加害者に故意または過失があること
（b）加害者に責任能力があること
（c）権利または法律上保護される利益の侵害があること
（d）損害の発生があること
（e）行為と損害の間の因果関係があること

いろいろな要件があるんですね。

通常、(b) 以外の要件は、被害者が裁判で証拠を挙げて証明（立証）する必要があります。ただ、意匠法では原則として、意匠権を侵害した者に「過失」があったと推定し、意匠権者（被害者）が (a) を立証する負担を軽減しています※。意匠登録されていたことを知らずに意匠権を侵害した場合でも、原則として責任を追及できるということです。

※「秘密意匠」の制度を利用した結果、登録意匠の内容が意匠公報で公開されていない場合には、「過失」は推定されません。なお「過失」とは、ある結果になることが予想できたのに、それを回避する義務を怠ったことをいいます。また「故意」とは、ある結果を意図し、またはそうした結果の発生を認識しながら、それを許容して行為を行うことをいいます。

知らなかったでは済まないということですね。

はい。また（d）の損害額は、もし侵害行為がなければ意匠権者が得られたであろう利益の額なのですが、そのような額を立証することは容易ではありません。そのため、意匠法では、侵害者による販売数量、侵害者が得た利益、ライセンス料等の比較的立証しやすい要素に基づいて損害額を決められる特別な規定が設けられています。

ハードルを下げてる感じですね。

そうですね。また別のアプローチとして、意匠権侵害によって得た利益を不当なものとして、その返還を求めることもできます。例えば、競合するハウスメーカーが、登録意匠に類似するデザインの住宅を無許可で販売して不当に利益を得ていて、それによって意匠権者がシェアを失って損失が生じたというケースです。このような求めを「不当利得の返還請求」といいます。この場合に満たすべき要素は以下です。

■一般不当利得が成立するための要件

（a）法律上の原因がないこと
（b）他人の財産又は労務によって利益を受けたこと
（c）そのために他人に損失を及ぼしたこと
（d）受益と損失との間の因果関係があること

先ほどとは少し違いますね。

同じ事実をどう捉えるのかの違いです。先ほどの損害賠償請求に必要な要件を立証できなくても、こちらのアプローチなら可能なケースも考えられます。
また不当利得の返還請求は、不法行為による損害賠償請求よりも時効期間が長いため、時効で損害賠償請求できない場合にも有効です。

いろんなアプローチをとれるということですね。

さらに、粗悪な模倣で意匠権者の信用を落としたりしたような場合には、謝罪広告の掲載など、信用を回復するための措置（信用回復の措置）を求めることもできます。

デザインの本質を理解せずに、表面的に模倣したデザインとかですかね。

事情は様々だと思いますが、そんなケースも考えられますね。劣化コピーは使い勝手などの機能面に問題があることもあるでしょう。

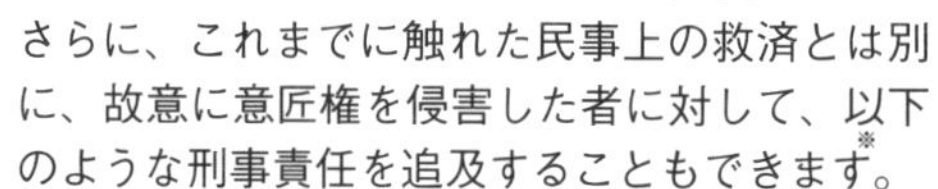

さらに、これまでに触れた民事上の救済とは別に、故意に意匠権を侵害した者に対して、以下のような刑事責任を追及することもできます。※

※意匠権侵害罪は、被害者からの告訴がない場合でも、検察官の判断によって起訴が認められる「非親告罪」です。

■意匠権侵害に対する刑事責任

意匠権侵害：10年以下の懲役、1000万円以下の罰金、または両方
間接侵害（Q11）：5年以下の懲役、500万円以下の罰金、または両方
法人の場合：行為者の処罰に加え、さらに法人に3億円以下の罰金

かなり重い罪に問われるんですね。

Q19 設計者はどんな責任を負う？

設計した建築デザインが他者の登録意匠に類似するものであったとしても、設計行為自体はその意匠権を直接的に侵害するものではありません（Q10, Q11）。しかし、これは設計者に責任がないということではなく、通常、設計者は間接的に責任を負うことになります。

設計は意匠権の侵害とは言えないんですね。

以下のケースで見てみましょう。設計者は発注者との間で設計・監理に関する契約①を結び、作成した設計図書を発注者に納めます。発注者は施工者との間で建築工事に関する契約②を結び、施工者はこの設計図書に基づいて建築工事を行い、設計者はその監理を行います。この発注者は、完成した建物を店舗として使用します。

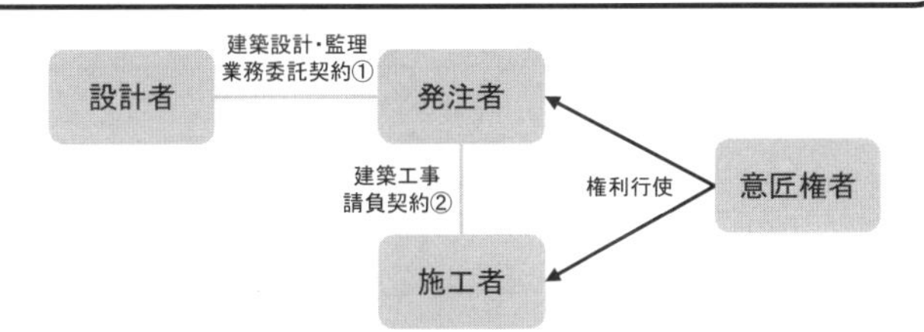

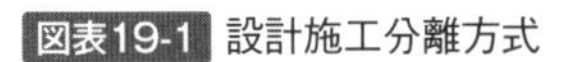
図表19-1 設計施工分離方式

典型的なケースですね。

この設計図書の建築デザインが他者の登録意匠に類似する場合、正当な権原や理由のない施工者や発注者が行う建物の建築や使用は、意匠権の侵害となります※。一方、設計者が行う設計は直接的な侵害行為ではありません。

※「正当な権原」とは、ある法律的行為又は事実的行為をすることを正当とする法律上の原因のことをいい、「正当な理由」とは、法律上認められた理由のことをいいます。Q13のようなケースが該当します。

意匠権を侵害したことになるのは、施工者や発注者なんでしたよね。

はい。この場合、意匠権者は施工者や発注者の過去の侵害行為に対して損害賠償を請求したり、建築工事の中止や完成した建物の使用中止等を請求したりできます。場合によっては、建物の改修・改築や取り壊し等も請求する可能性もあるでしょう（Q18）。

でも、そのデザインを設計したのは設計者ですよね。

そうですね。設計者は建築の専門家であり、設計しようとする建築デザインに類似する登録意匠の存在も当然知っておくべきである、と考えることもできます。

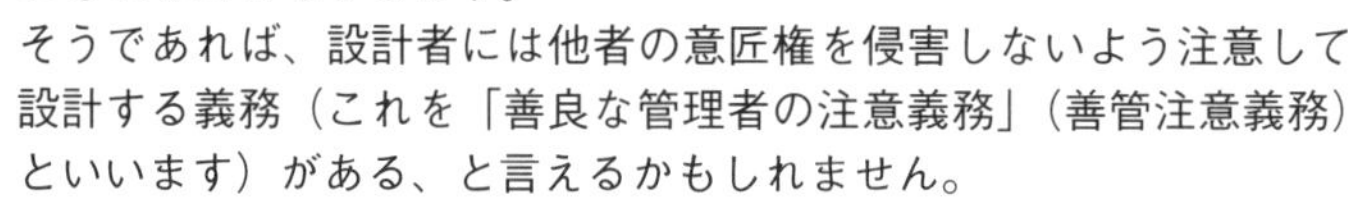

そうであれば、設計者には他者の意匠権を侵害しないよう注意して設計する義務（これを「善良な管理者の注意義務」（善管注意義務）といいます）がある、と言えるかもしれません。

そうなると、設計者はどのような責任を負うことになるんですか？

契約①の内容次第ですが、このような注意義務に違反しているとなれば、設計者は、契約①で約束した義務を十分に果たしていないとして、発注者に対して責任を負う可能性も考えられます。

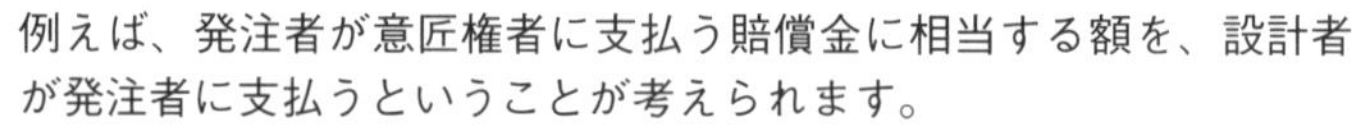

例えば、発注者が意匠権者に支払う賠償金に相当する額を、設計者が発注者に支払うということが考えられます。

契約書に書かれた責任を負うということですか？

契約①で定められていれば、それに従うことになります。定めがなかったり、書かれた内容だけでは決められなかったりする場合には、発注者と設計者とで話し合って合意を目指すことになるでしょう。

書かれた内容だけでは決められないとは、どのような場合ですか？

例えば、広く利用されている「四会連合協定 建築設計・監理等業務委託契約約款（約款）」では、第三者の意匠権を侵害した場合に設計者が賠償責任を負うことが記載されています。ただ、発注者に過失があったような場合には、その程度に応じて設計者の責任が軽減されることも定められています。この点はケースバイケースということになりますね。※

※本書における「約款」に関する記述は、本書著者の個人的な見解であり、「四会連合協定 建築設計･監理等業務委託契約約款調査研究会」（四会研究会）とは一切関係なく、四会研究会には一切の責任はございません。

発注者だけでなく、施工者に対して責任を負うこともありえますか？

上のケースでは設計者は施工者と直接契約していないため、設計者が契約に基づいて施工者に直接責任を負うことはないでしょう。
ただ、契約②に基づいて施工者が発注者に責任を追及し、さらに契約①に基づいて発注者が設計者に責任を追及することは考えられます。実際には全員で話し合うことになると思いますが。

結局、設計者の責任は、間接的ということですね。

一般的にはそうなります。ただ、発注者や施工者に意匠権者の損害を賠償するだけの資力がない場合には、意匠権者が設計者を直接訴え、設計者が意匠権者に直接責任を負うケースも考えられます。

意匠権を侵害していない設計者の責任も、問おうと思えば問えるということですか？

設計者は直接的には意匠権を侵害していません。しかし、設計者には、建築の専門家として期待される程度の誠実さが求められ（信義則）、意匠権者との関係でも、他者の意匠権を侵害しないよう注意する義務がある、と言えるかもしれません。
このような注意義務違反によって意匠権者に損害が発生したとなれば、設計者に不法行為があったとして、意匠権者がその責任を追及してくる可能性はあります。

実際にそのようなケースもあるんですか？

意匠権についてはまだ判例はありません。ただ、設計者が不法行為を理由に責任を負うかという問題は、欠陥建築などで議論されてきました。例えば、▩のような判例があります。

最高裁
平成19年7月6日判決

意匠権の問題については、これからということですね。

このようなケースでは、意匠権を侵害した建築デザインを誰が主導したのか、ということも問題になるでしょう。
例えば、発注者からそのような建築デザインを採用するよう、設計者に強く指示していた場合、設計者の責任が軽減されることもあるでしょう。

発注者と設計者との力関係もありますからね。発注者の要求に従わざるを得ないこともあるでしょう。

それでも、設計者が他者の意匠権を全く調査していなかったというような場合には、やはり設計者の責任が問われる可能性は残ります。設計者は建築の専門家として、デザインが他者の意匠権を侵害していないかどうかを調査・確認する義務があるでしょうから。

設計者は調査すべき、ということですね。

また、設計者の行為が「間接侵害」(Q11)に当たる、と主張される可能性もあります。ただ、これが認められるには、少なくとも、設計図書が以下の「物品」又は「プログラム等」に該当する必要があります。

■意匠法

(侵害とみなす行為)

第三十八条　次に掲げる行為は、当該意匠権又は専用実施権を侵害するものとみなす。

……

四　登録意匠又はこれに類似する意匠に係る建築物の建築にのみ用いる物品又はプログラム等若しくはプログラム等記録媒体等について業として行う次のいずれかに該当する行為

……

五　登録意匠又はこれに類似する意匠に係る建築物の建築に用いる物品又はプログラム等若しくはプログラム等記録媒体等……業として行う次のいずれかに該当する行為

……

物品又はプログラム等……ですか？

設計図書が紙に記載されたもの（有体物）であれば「物品」に該当する余地はありますが、BIM等のデータファイルだった場合には「物品」には該当しないでしょう。「物品」とは「有体物のうち、市場で流通する動産」と解釈されていますから。これが「プログラム等」に該当するか否か等についてもハードルがあります。

このあたりもグレーゾーンということですね。

また意匠権者が、設計者が発注者や施工者と共同で不法行為（共同不法行為）を行ったとして連帯責任を追及してくる可能性もあります。

設計者	発注者	施工者	←権利行使―	意匠権者

図表19-2 共同不法行為

この場合、設計者は直接的には侵害行為を行っていないものの、その手助け（幇助）を行っており、その行為が「共同不法行為」に該当すると主張されることもあるでしょう。
そして、設計者が調査を行わずに設計していたとなれば、設計者に「過失」が認められ、設計者が発注者や施工者と連帯責任を負うことも考えられます。の事例が参考になります。

東京地裁
平成25年9月12日判決

建築業界でも、意匠調査が重要になっていくということですね。

Q20 設計者は契約でどんな義務を負う？

今回は、設計者と発注者との間で結ばれる建築設計・監理業務委託契約での意匠権の取り扱いについて見ていきましょう。原則、契約の内容や方式等は当事者間で自由に定めてよいのですが（これを「契約自由の原則」といいます）、適法な契約が成立した後はその契約を守る義務が発生します。建築デザインが意匠権の保護対象となってからは、意匠権の取り扱いが契約に盛り込まれるケースも増えてきました。

これまで意匠権はそれほど意識していませんでしたが、どのようなことが定められるんでしょうか？

制約はありますが（Q15）、原則、設計者と発注者との間で合意があれば、どのような内容を定めても構いません。
ここでは広く利用されている「四会連合協定 建築設計・監理等業務委託契約約款」（以下、「約款」）を例にとって見ていきましょう。※

※本書における「約款」に関する記述は、本書著者の個人的な見解であり、「四会連合協定 建築設計・監理等業務委託契約約款調査研究会」（四会研究会）とは一切関係なく、四会研究会には一切の責任はございません。

よく見かけますね。建築基準法の要件も満たしているらしいですし。

まず約款では、契約対象の建築デザインについて意匠登録出願しようとする場合には、相手方に書面で通知し、あらかじめ承諾を得なければならないことが定められています。
設計者や発注者が無断で出願してしまうことを防ぐための規定と思われます。

第9条の2〔意匠権の登録等〕

意匠権　設計者　建築設計・監理業務委託契約　発注者

書面通知・承諾

図表20-1 意匠権の登録等

Q16 でも触れたように、意匠法上、意匠登録出願が可能なのは「意匠登録を受ける権利」を持つ者だけです。「意匠登録を受ける権利」は、その意匠の創作者に発生し、複数の創作者が共同で創作した場合にはそれらの共有となります。「意匠登録を受ける権利」が共有であれば、その共有者が共同で出願しなければなりません。

でも建築デザインを設計するのは設計者ですよね。

通常はそうですが、発注者が特定のデザインコンセプトを指定して設計を依頼するケースもあります。例えば、発注者がフランチャイズ展開している同一コンセプトの店舗の設計を発注するような場合です。このようなケースでは、設計者と発注者が共同で建築デザインを創作した、といえることもあるでしょう。

なるほど。勝手に出願すると問題となるケースもあるわけですね。

そうですね。誰が建築デザインを創作したのか、という判断も容易ではありません。そのため、出願前に相手方に通知して検討の機会を設けることは、トラブルを避ける上で重要ですね。書面で通知すれば履歴も残りますから、後で「言った言わない」の問題も生じません。

トラブルを避けるという点で双方にメリットがありそうですね。

また約款では、契約対象の建築デザインの登録意匠を知っている場合には、相手方に書面で通知しなければならないことも定められています。これは建築された建物の意匠権トラブルを避けるためのものでしょう。

第9条の2
〔意匠権の登録等〕

設計者が他者の登録意匠を知りながら設計してしまうのは問題ですね。

第三者の意匠権であれば意匠権侵害につながりますし、設計者自身の意匠権の場合にも発注者や施工者が不利益を受けることもありますからね。そのためだと思いますが、約款ではさらに、設計業務において登録意匠を用いる場合には、その取り扱いについて協議しなければならないことも定められています。

第10条の2
〔意匠権の利用等〕

意匠権	設計者	建築設計・監理業務委託契約	発注者
	↑	協議	↑

図表20-2 意匠権の利用等

事前に話し合っておけばトラブルになりにくい、ということですね。

さらにトラブルを避けるという点で、設計者や発注者が契約対象の建築デザインの「意匠登録を受ける権利」や意匠権を持っている場合、書面による承諾なしに、それを第三者に譲渡してはならないことも定められています。

第12条
〔著作権・意匠権の譲渡禁止〕

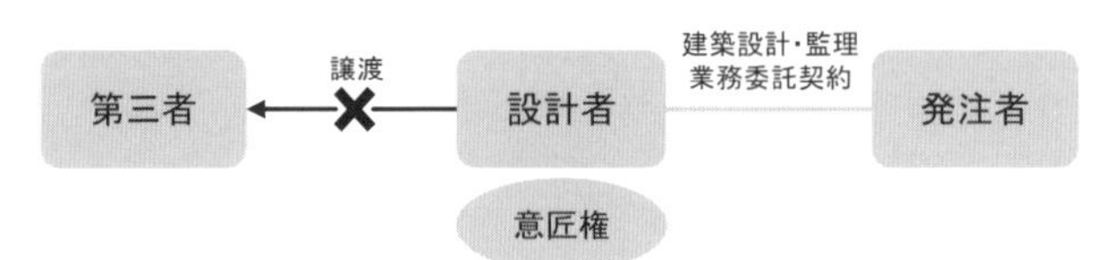

図表20-3 意匠権の譲渡禁止

普通は譲渡できるんでしたよね。

意匠法上、これらの権利が共有されている場合を除き、第三者に自由に譲渡できます（Q15）。

譲渡されるとどうなるんですか？

「意匠登録を受ける権利」が第三者に譲渡されると、その第三者は、その意匠登録出願を行うことが可能になり、そのまま意匠権を取得してしまうことがあります。また、意匠権そのものを譲渡された第三者は、当然その意匠権の所有者となります。
これらは、後に建築された建物の意匠権トラブルにつながりかねません。原則、これらの譲渡を禁止することで、このような問題を未然に防ごうとするものでしょうね。

トラブルの種を事前に摘んでおく、ということですね。

また約款では、意匠権を侵害した場合、原則、設計者は第三者に損害を賠償しなければならないことも定められています。

第13条
〔著作権等の保証〕

図表20-4 意匠権の保証

原則、設計者が全責任を負うとも読めますね。でも発注者の要望で、どうしてもそのデザインを採用せざるを得ないケースもありそうですが。

そうですね。そんなケースを考慮したものと思いますが、発注者の指示に過失があった場合には、その過失の割合に応じて発注者も責任を負担しなければならないことも定められています。設計者と発注者の過失をどのように判断するかはケースバイケースになると思いますが。

第13条〔著作権等の保証〕

このような契約を守らないと、どうなるんですか？

約款の設計契約は「準委任契約」と呼ばれる種類のもので、契約を結んだ設計者は、その職業や社会的・経済的な地位等において一般に要求されるだけの注意（善管注意義務）を払って契約内容（事務処理）を実行する義務があります。設計者がこのような注意を払わずに契約を守れなかった場合、それによって生じた損害を発注者に賠償する責任を負うことになります。

第21条〔受託者の債務の不履行責任〕

ちゃんと注意を払っていたかも関係するんですね。

Q21 すでに登録されている意匠権はどこで確認できる？

自ら設計した建築デザインであったとしても、それが他者の意匠権を侵害するものであれば、そのデザインの建築物を建築したり、事業で使用したりすることはできません。そのような設計を行った設計者にも責任が及ぶこともあるでしょう。また、コンペ等で他者の意匠権を侵害する建築デザインに賞を与えてしまったのでは、賞の信頼性も損ないかねません。知らなかったで済まないのが意匠権です。

すでに登録された意匠は、どこで確認できるんですか？

意匠登録を受けた意匠はすべて意匠公報に掲載され、それらは「工業所有権情報・研修館(INPIT)」が提供する「特許情報プラットフォーム（J-PlatPat)」にて無料で確認できます。
まずは[QR]にアクセスしてみましょう。

J-PlatPat

やってみます……最初のページが表示されました。

それでは、PCの場合にはヘッダーの「意匠」にカーソルを合わせ、［意匠検索］①を選択してクリックしてください。
スマートフォンの場合には「MENU」→「意匠」→［意匠検索］と選択していってください。

トップ画面

こうですね……意匠検索の画面が表示されました。

では「文献の種別」で「国内公報」②を選択してください。チェックマークがついていたらOKです。次に、検索のための情報を「キーワード」③の欄に入れていきます。
いろいろな検索項目で検索できますが、ここでは「日本意匠分類／Dターム」という検索項目に対応する空欄③に「日本意匠分類」という記号を入れることにしましょう。

検索項目

「日本意匠分類」ってなんですか？

Q2 で触れたように、登録対象の意匠は「物品」「建築物」「画像」の何れか（以下「物品等」といいます）のデザイン（形態）です。この物品等はさらに詳細な分類に分けられ、それぞれに記号が割り当てられています。この分類を「日本意匠分類」といいます。建築デザインに関連する「日本意匠分類」を抜粋すると▩のような感じです。

日本意匠分類抜粋

細かく分かれているんですね。

この「日本意匠分類」を使って検索することで、対象を絞り込むことができます※。
「住宅」などの名称で検索することも可能ですが、名称の表現にばらつきがあることもあります。「日本意匠分類」を使った方が漏れのない検索ができるのでおすすめです。

※「Dターム」というデザイン（形態）や出願形式の分類でも対象を絞り込むことができます。「日本意匠分類」や「Dターム」は意匠の類似範囲を表すものではなく意匠が類似するか否かは別途判断が必要です。なお「日本意匠分類」や「Dターム」はときどき更新されます。ウェブサイトで最新版をご確認ください。

検索対象を絞り込むためのツール、ということですね。

そうですね。例えば、「住宅」の登録意匠を調べるなら、検索項目「日本意匠分類／Dターム」に対応する空欄③に「L321」と入力して「検索」④を押します。やってみましょうか。

検索項目

一覧が出てきましたね。これが登録されている意匠ですか？

「L321」の分類に含まれる「住宅」や「組み立て家屋」などの登録意匠です。⑤の部分を押せば詳細を見ることができます。
また一覧には、現在有効な意匠権だけでなく、すでに消滅してしまった意匠権も表示されます。

検索結果一覧画面

意匠権が消滅したかどうかは、どこを見ればわかるんですか？

「経過情報」⑥を押すと表示されます。先ほどの例では、のように「本権利は抹消されていない」と表示されます。現在有効な意匠権ということです。

経過情報照会

つまり、要注意ということですね。

さらに「登録情報」⑧を押すと、のような登録情報の詳細を見ることができます。

登録情報

この建築デザインの建物を建築すると侵害になるということですね。

現時点でそのデザインの建物を建築等すると意匠権侵害となります。現在だけではなく、この意匠権の発生後の過去Bの時点や意匠権の消滅前の将来の時点で行う建築等も意匠権侵害となります。一方、意匠権が発生する前の過去Aの時点の行為は、この意匠権を侵害しません。

発生　　　　　　　　　　　　消滅

意匠権

過去A　過去B　現在　将来

図表21-1 抹消されていない意匠権

すでに消滅した意匠権の場合はどうなるんですか？

意匠権の存続期間が満了して消滅した場合には、のように「存続期間満了による抹消」⑨と表示されます。この意匠権はすでに消滅してしまっているということです。

経過情報照会

なるほど。

「登録情報」⑩を押すと、のような登録情報の詳細を見ることができます。この意匠権がいつ消滅したのかも表示されます。

登録情報

いつ出願されたかによって、存続期間が違うんでしたよね。

さらに**Q17**で触れたように、登録料を納付しなかった場合にも意匠権が消滅します。そのような場合には「年金不納による抹消」⑪と表示されます。この場合も、「登録情報」⑫を押すと、この意匠権がいつ消滅したのかを知ることができます。

経過情報照会

登録情報

消滅した意匠権については、もう侵害の心配はしなくていいんですね。

Q17で触れたような例外はありますが、原則、意匠権が消滅した後の過去D, 現在、将来の行為は、この意匠権を侵害することにはなりません。一方、この意匠権が消滅する前の過去Cの行為はこの意匠権を侵害することもあり、時効になっていなければ過去の責任を追及されることもあります。

発生　消滅

意匠権

過去C　過去D　現在　将来

図表21-2 抹消された意匠権

消滅した後にも過去の行為の責任が問われることがあるんですね。消滅している場合でも、いつ消滅していたのかというのは大切ですね。

ちなみに、**Q17**でも話したように、意匠権が無効にされ、最初から意匠権が発生しなかったことになった場合には、どの時点の行為もこの意匠権を侵害することはありません。
ただ、**Q17**で話した後発的無効理由の場合には、消滅前の侵害行為の責任を追及されることはあります。いずれにしても、いつ意匠権が消滅したのかは、先ほどのように知ることができます。

意匠権が存在するかどうかと、いつ消滅したかは、調べればわかるということですね。

また、検索のための情報を入力する画面で「検索オプション」の「開く」を押すと、検索オプション画面⑬が表示されます。
この画面⑬では、出願日や登録日等の範囲を指定して検索したり、「部分意匠」や「関連意匠」（Q8）のみを指定して検索したりできます。

検索オプション画面

具体的にどのような使い方が考えられますか？

例えば、登録日の範囲を指定することにより、存続期間が満了する前の意匠権のみを抽出することができます（Q17）。
現在や将来の行為が他者の意匠権を侵害するか否かを調べる場合には、既に消滅した意匠権を気にする必要はないため、これで十分です。

目的に応じて期間を絞り込むこともあるんですね。

また、「関連意匠」は特許庁が「本意匠」と類似すると認めた意匠です（Q8）。そのため、ある意匠の類似範囲を検討する際の参考として過去の「関連意匠」を検索する、といった使い方もあります。
また「部分意匠」と「関連意匠」との組み合わせで検索すれば、ある「部分意匠」の類似範囲を検討するための参考資料も得られます。

そのような使い方もできるんですね。勉強になりました。

Q22 いざという時に助かる「公証制度」の活用法とは？

公証制度とは、「公証人」と呼ばれる中立的な法律の専門家に、一定の事項を証明してもらう制度です。全国の「公証役場」で受けられるこの法律サービスを活用すれば、紛争を未然に防ぎ、紛争発生時にはその証明に基づいて自己の主張を適切に行うことが可能になります。公証制度は将来の問題に備える制度であるため、制度の内容のみならず、将来どのようなことが問題になりそうか、という点もふまえた活用が必要です。

意匠権でいえば、具体的にどういうことを何のために証明してもらうとよいのでしょう？

意匠権について紛争を避けたり、自分の主張を認めさせたりするための証拠を、しっかり残しておくことが目的になります。例えばQ13で触れたように、他者の意匠登録出願の際にその意匠の実施である建築事業や準備をしていれば、意匠権侵害とならないケースがあります。
ただ、これが認められるためには、意匠権侵害を免れようとする側が、その事実を証明する必要があります。過去の出来事を証明するわけですから、しっかりとした証拠がないと認められません。

なるほど。具体的にどのようなサービスを受けられるんですか？

いろいろありますが、意匠権のケースであれば、「①確定日付の付与」「②認証」「③公正証書の作成」のサービスが役に立つでしょう。

公証人による法律サービス	内容	証拠力	費用※
① 確定日付の付与	作成者の署名、署名押印又は記名押印のある私文書（私署証書）に日付印（確定日付印）を押印する。	低	700円
② 認証	私署証書の署名、署名押印又は記名押印が本人によってなされたことを認証する。	中	数千円～ 1万1千円（外国文では加算有）
⑤ 公正証書の作成	公証人が、契約等の法律行為の内容や直接体験した事実を証明する公文書（公正証書）を作成する。	高	数千円～数十万円

※2023年2月時点

図表22-1 公証制度

簡単にいうと、私文書が存在した日付を証明してもらうサービス（①)、私文書の署名等が本物であることを証明してもらうサービス(②)、契約等や事実に関する公文書を作成してもらうサービス（③）です※。
信憑性（証拠力）の高い証拠になるサービスほど費用は高くなるため、費用対効果を考えて適切なものを選ぶ必要があります。

※一般に、国・地方公共団体の機関や公務員が職務上作成した文章を「公文書」といい、それ以外の私人が作成した文章を「私文書」といいます。公証人は国家公務員法上の公務員ではありませんが、公証人法に基づいて国の公務を行う者であり、実質的に公務員に当たると解されています。

効果というと……具体的にどのようなものでしょうか？

それぞれ見ていきましょう。まず①については以下の通りです。

内容	効果
公証人が、作成者の署名、署名押印又は記名押印のある私文書（私署証書）に日付印（確定日付印）を押印する。	・その私文書が確定日付印の日付の日に存在していたことの証明になる。 ・その文書の内容が真実であることや、文章がその作成名義人によって作成されたことまでは証明できない。

図表22-2 確定日付の付与

ざっくり言うと、このサービスで署名等のある私文書（これを「私署証書」といいます）に確定日付印が押されると、その日付の日にその文書が存在していたこと、を証明できるようになります。
一方、①によって、文書の内容の正しさや作成者を証明することはできません。

いつの文書なのか、ということが証明できるわけですね。

そうですね。先ほど話したQ13のケースなどでは、証拠となる文書がどの時点のものなのか、が問題になることもあります。①はこれを明らかにするために役立ちます。
次に②を見てましょう。②には「私署証書の認証」とそのオプションサービスである「宣誓認証」とがあります。

種類	内容	効果
私署証書の認証	公証人が、私署証書の署名、署名押印又は記名押印が本人によってなされたことを認証する。	・文書が本人の意思に基づいて作成されたことが推定される。 ・認証日にその文章が存在したことを証明できる。 ・その文書の内容が真実であることまでは証明できない。
宣誓認証	本人が私署証書の内容が真実であることを宣誓した上で、公証人が、私署証書の署名、署名押印又は記名押印が本人によってなされたことを認証する。	・文書が本人の意思に基づいて作成されたことが推定される。 ・内容に虚偽があることを知りながら宣誓した場合には本人に制裁（過料）が科せられる。 ・認証された私署証書が公証役場で保管される。

図表22-3 私署証書の認証と宣誓認証

どのような違いがあるんですか？

「私署証書の認証」は、本人が公証人の目の前で「私署証書」に署名等を行ったり（目撃認証）、自分が署名等を行ったこと認めたり（自認認証）、代理人が公証人の目の前で署名等が本人のものであると認めたりし（代理認証）、これを公証人が認証するものです。これにより、認証の日に「私署証書」が存在したことを証明でき、さらに「私署証書」が本人の意思で作成されたことが推定されます※。

※私文書は、本人又はその代理人の署名又は押印があるときは、真正に成立したもの（本人等の意思に基づいて作成されたもの、つまり偽造でない）と推定されます。

その日に存在していたし、他者による偽造でもない、ということですね。

ただ、本人の意思であったとしても、その文書の内容が真実であること、までは証明できません。本人の意思で、嘘の内容を記載することもあり得ますからね。

本人が嘘をつくこともある、ということですね。

「宣誓認証」では、公証人が「内容が虚偽であることを知りながら宣誓した場合には過料※に処せられる」ことを告げた上で、本人が「内容が真実である」と宣誓して署名等を行い、公証人が認証を行います。内容に嘘があると制裁を受けるため、本人は真実が書かれた「私署証書」についてのみ認証を受けようとするでしょう。

※「過料」は、行政上の制裁として金銭的負担を課すものです。刑事事件の罰金と異なり、前科にはなりません。

リスクを冒してまで嘘はつかないだろう、ということですね。

「宣誓認証」では、認証された「私署証書」が公証役場でも保管され、認証後に改変はできません。この点でも信頼性が高いといえます。
次に、最も証拠力の高い③を見ていきましょう。いずれも公証人が証明のための公文書を作成するサービスです。

種類	内容	効果
法律行為の公正証書	公証人が、私人間の法律行為（契約等）を証明する公文書（公正証書）を作成する。	・内容が当事者の意思に基づいているとの強い推定が働き、契約等に関する紛争を未然に防止できる。 ・金銭の支払いについて強制執行を認めたことを記載しておけば、裁判を経ずに強制執行が可能になる。 ・作成された公正証書が公証役場で保管される。
事実実験公正証書	公証人が、直接体験（見聞き・聴取等）した事実に基づいて、公正証書を作成する。	・事実を高い証拠力（事実が正確に記載されているという高い信頼性）で相手方に主張できる。 ・作成された公正証書が公証役場で保管される。

図表22-4 作成できる公正証書の種類と効果

「法律行為の公正証書」は、公証人が契約などの法律行為を証明する公文書です。例えば、当事者間で契約が取り交わされていても、後になって署名が偽造であるとか、内容を認識していなかったなどと主張して争いになることもあります。事前に契約内容の公正証書を作成しておけば、このような紛争を防ぐことができます。

公正証書って、信頼性が高いんですね。

専門家である公証人が、当事者の本人確認を行い、当事者の意見も聞きながら、法的な観点も十分検討して作成する公文書ですから、高い証拠力が認められます。
さらに、ライセンス料などの金銭を払わないときには、直ちに「強制執行」を行ってもよいとの内容（強制執行認諾約款）を公正証書にしておけば、裁判を経ることなく、直ちに差押え等の手続きによって金銭を回収することもできます。

裁判を省略できるほどの効力もあるんですね。

一方「事実実験公正証書」は、公証人が直接体験・認識した内容を公正証書とするものです。「実験」とありますが、科学的なもののみならず、公証人が知覚できる事実であれば対象となります。
いずれの公正証書も公証役場で保管されるため、後の改変はできません。この点でも証拠力が高いといえます。

いろいろあるんですね。それでは、建築デザインの意匠権について、どう活用すべきでしょうか？

以下のように、意匠権者が（a）権利が無効とならないよう備えたり、（b）侵害行為の証拠を集めたり、それ以外の実施者が（c）意匠権侵害を免れるための証拠や、（d）他者が意匠権を取得できない証拠を確保しておいたり、（e）両者で契約を結んだりする場面等での活用が考えられます。

意匠権に関する 活用場面	意匠権者 （原告側）	実施者 （被告側）	内容
(a) 意匠登録の無効阻止	○		新規性喪失の例外規定の適用を受けるための資料に疑義が生じたときの備え。
(b) 侵害の証拠の確保	○		意匠権を侵害していた事実の証拠の確保。
(c) 先使用権・先出願権		○	出願時・設定登録時に実施事業やその準備を行っていたことを証明（Q13）。
(d) 他者の意匠権の排除		○	他者の意匠権を排除するために、その出願時にすでに新規性を失っていたことを立証。
(e) 契約	○	○	契約内容についての争いの防止。金銭の支払いについての強制執行の迅速化。

図表22-5 公証制度の活用

もう少し、詳しく聞かせてもらっていいですか？

(a) は意匠権者側にメリットがある活用法です。出願時に未公開のデザインにしか意匠登録が認められないのが原則です。
しかし、出願前に公開したのが出願人自身等であった場合に、一定要件下、例外的に意匠権を取得できることを定めた規定があります。これを「新規性喪失の例外規定」と呼ぶのですが、本当にその事実があったかどうかが、意匠権の付与後に争われるケースもあります。そのため、この事実を公証制度で証明できるようにしておけば、この争いによって意匠登録が無効になることを阻止できます。

権利が無効とならないように備えるとは、そういう意味なんですね。

(b) は意匠権を侵害する内装デザインの使用等を発見したときに、その時点での証拠を確保しておくものです。その後にデザイン変更されたとしても、過去の侵害に対して権利行使したい場合などに有効です。

(c) は最初に解説いただいたものですね。

はい。ただ、実際には、事業の準備から開始までの一連の流れ全体を逐一立証しないと、侵害を免れることは難しいですね。
つまり1つの事実だけを証明できるようにしただけでは足りず、建築相談、現地調査、設計契約、基本設計、実施設計などの一連の時期や内容を逐一証明できるようにしておく必要があるということです。

結構ハードルが高そうですね。

(d) は、既に公開された建築デザインだから他者に意匠権を取得されないだろう、と考えて、その建築デザインでの実施設計や建築等を進めようとするときに役立つものです。
このような建築デザインが存在していたことを証明できるようにしておけば、そのあと他者がその建築デザインの意匠権を取得してしまったとしても、その審査の誤りを指摘して意匠権を無効にできます。

コンペ等で公開はされても建築はされていなかったデザインですかね。

そうですね。履歴が残りにくいものや、消されてしまったり、改変されたりする可能性があるものに、公証制度は有効です。

(e) は先ほど伺った契約ですね。契約全般に活用できそうです。
まずは、公証役場で相談ですね。

Q23 権利者から警告を受けたらどうする？

意匠権を持つ権利者は、侵害行為を行っていると思われる相手を発見した場合に、意匠権の存在を報せて反応をうかがったり、より強く警告したりすることがあります。ここでは、自分が第三者から侵害行為の警告を受けた場合の対処法や、考えられる展開についてみていきましょう。

警告というと深刻なトラブルをイメージしますね……警告を受けるということは裁判沙汰になるということなのでしょうか。

日本の意匠法上、一部の例外を除き、権利行使前に警告を行うことは義務ではありません。権利者の主観に基づいて警告が行われることも多いですし、ときには不適切な警告がなされることもあります。

必ずしも警告内容が正しいとは限らないんですね。

はい。ただ、大きな問題に発展するケースもあるため、客観的に状況を判断して、適切な対応を行う必要があります。根拠もないまま、放置したり、いい加減な対応を行ったりすることは避けるべきです。

それでは、どのように対応すればいいんでしょうか？

警告を受けた時の対応をまとめると、以下のようになります。

■警告を受けたときの対応

①警告内容の確認
②専門家（弁理士・弁護士）への連絡
③警告者への警告受領の連絡（必要な場合）
④意匠権・意匠権者の確認
⑤侵害とされた行為の確認
⑥権利範囲に属するか否かの判定、抗弁や無効理由の有無の判断
⑦対応策の検討と警告者への回答

①で確認すべきことは、(a) 侵害されたと主張している意匠権の登録番号、(b) 意匠権侵害であると主張している行為、(c) 何を請求しているのか、(d) 警告者の名義、(e) 送付方法、(f) 警告者への回答期限等です。

警告には決められた方式があるのでしょうか？

いいえ。警告を行う義務は原則ありませんし、その内容や書き方も自由です。反面、そのように自由なものですから、警告書の内容から相手のことをある程度推測することもできます。

具体的にどのようなことが分かるのでしょうか？

例えば、(b)(c)が記載されておらず、抽象的な警告に過ぎないような場合には、多くの会社に同じ文章を送付している可能性もあります。
(b)を明記せずに、逆に見解を求めてくるような場合には、こちらの状況を十分に把握できていない可能性も考えられます。
逆に(b)の内容を詳細に分析しているような場合には、訴訟までを視野に入れた警告かもしれません。それだけ手間と費用をかけているわけですからね。もちろん、いずれも推測にすぎませんが。

ある程度の予想はできるということですね。

さらに(d)が弁護士や弁理士といった代理人名義であるならば、それだけ本気度が高い可能性があります。(e)についても、内容証明郵便を使っているほうが、普通郵便を使っている場合よりも注意した方がいいですね。相手は費用をかけて証拠を残そうとしているわけですから。

手間や費用がヒントになるんですね。

いずれにしても、まずは急いで専門家へ相談すべきです(②)。相手の本意を警告の体裁だけから判断することはできませんから。
また、警告書では1, 2週間程度の短い回答期限(①(f))が指定されることもあるのですが、この期限内に対処することはほぼ不可能です。期限が短すぎるときは、警告書を受け取ったことと、期限を延期して欲しいことを警告者に回答することもあります(③)。猶予の理由や回答等は専門家と相談して決めるのがよいでしょう。

警告を無視するのはまずいですか？

回答する義務はありませんが、状況が分からないうちはまずいですね。警告を無視されると、相手方は訴訟等でしかコミュニケーションを取れないことになってしまいますから。回答しておく方が無難です。※

※意匠権や特許権等の権利を所有していても、実際に事業を行っているわけではなく、その権利を利用して他者から利益を得ようとする企業や個人を「パテントトロール」といいます。このような者からの警告には安易に回答しないよう注意すべきです。

確かに無視されると、いい気はしませんね。

④については、登録番号が分かれば特許庁から資料を取り寄せたり、ネット上で閲覧したりすることができます（Q21）。権利内容はもちろん、意匠権が抹消されていないか、いつまで有効なのか、真の権利者なのか、も確認すべきですね。登録番号すら分からない場合には、相手に回答を求めるのもよいでしょう。

相手については、ネット検索や商業登記簿謄本等でも知ることができます。相手との関係、真に事業を行っているか等も確認すべきです。

まずは事実の分析ということですね。

⑤については、警告書でこちらの行為が詳細に述べられていれば、その事実を確認することになるでしょう。

一方、具体的な侵害行為に触れることなく、こちらに見解を求めてきたような場合には、安易に情報を出すべきではないでしょう。このような場合には、まず相手方に対し、相手が侵害と考える根拠を求めるのがよいと思います。

根拠が分からないと、対応しようがないでしょうからね。

⑥の権利範囲に属するか否かは、専門家による鑑定※や特許庁による判定制度等を利用することになります。
権利範囲に属すると判断した場合には、故意に侵害したことにならないように直ちに実施行為を中止し、対策を検討すべきです。故意の場合、刑事罰の適用もあり得ますから。
対策としては、設計変更、意匠権の譲渡やライセンスの申し出（Q15）、先使用権等の主張（Q13）、損害賠償額の算定（Q18）、無効審判請求（Q17）、証拠の整理（Q22）等があります。

※専門家による鑑定とは、弁理士等による専門的な判断のことをいい、判定制度とは、特許庁によって判断を行う行政サービスのことをいいます。いずれも法的拘束力はありません。判定制度では結論が出るまで早くても3カ月程度必要なため、警告への対応としては鑑定が一般的です。

警告内容が正しいと判断した場合ですね。

一方、権利範囲に属さないと判断した場合には、その旨の鑑定書や判定結果等を整理しておきます。また、相手の警告自体が違法と考えられる場合※には、反論のために証拠を整理しておくのもよいでしょう（Q22）。

※不正競争防止法では「競争関係にある他人の営業上の信用を害する虚偽の事実を告知し、又は流布する行為」を不正競争と規定しています。そのため、意匠権侵害ではない行為について警告が行われた場合、その警告先やその他の事情によっては、警告を行った側が法的な責任を負うこともあります。

警告が不適切と判断したときですね。

これらの分析結果とコストを考慮し、落としどころや開示範囲を検討して回答することになります（⑦）。これは文書での回答がよいでしょう。

客観的な分析があってこそ、適切な対応ができるんですね。

Q24 権利者として警告を行うときに注意することは？

自分の意匠権を侵害していると思われるデザインを発見した場合、そのデザインを扱っている相手方に警告書を送付し、侵害行為の停止やライセンス契約のための話し合いを求めることがあります。しかし、意匠権を侵害しているか否かの判断は容易ではありません。侵害行為に該当しないにもかかわらず警告を行った場合、責任を問われる可能性もあります。

警告を行う側にもリスクはあるんですね。

虚偽の事実を特定の誰かに告げたり（告知）、不特定または多数の人に広めたり（流布）することで、競争相手の営業上の信用を落とすような行為は「不正競争」として禁じられています。つまり、虚偽の事実で競争相手を陥れて、自らを営業上有利にしようとする行為です。警告がこのような行為に該当してしまうと、警告を行った側がその責任を追及されることがあります。

■信用毀損行為（不正競争防止法）

（定義）
第二条　この法律において「不正競争」とは、次に掲げるものをいう。……
二十一　競争関係にある他人の営業上の信用を害する虚偽の事実を告知し、又は流布する行為

具体的には、どのような警告がこれに該当するのでしょうか？

それでは、以下の事例を見てみましょう。
施工者aは、取引先bから建物αの建築工事を受託しています。取引先bは、デベロッパーや国等としましょう。
意匠権者xは、施工者aと競争関係にあり、施工者aに対して「建物αの建築は意匠権Xを侵害する」との警告Aを行っています。
また意匠権者xは、取引先bに対しても「施工者aによる建物αの建築は意匠権Xを侵害するため注意すべき」との警告Bも行っています。

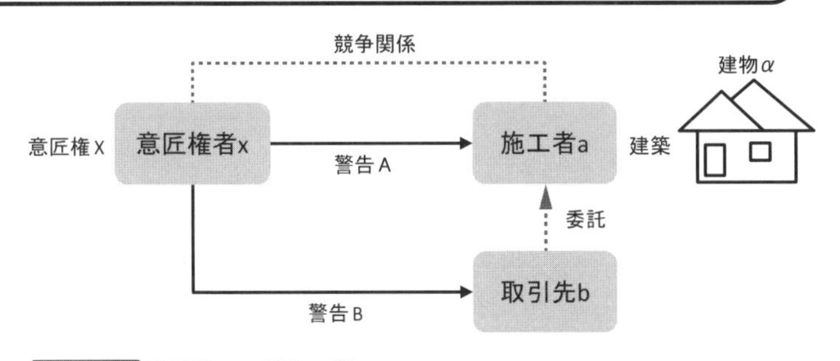

図表24-1 取引先への警告の例

施工者aと取引先bの両方に警告したわけですね。

警告Bを受けた取引者bは、意匠権Xのトラブルに巻き込まれたくないということで、施工者aへの建物αの建築工事の委託の中止を決定し、代わりに、意匠権者xに建物αの建築工事の委託を行うことになったとしましょう。

施工者aにとっては痛いですね。でも意匠権Xを侵害していたのなら仕方ないんですかね。

本当に意匠権Xを侵害していたのならそうかもしれません。
ところがそうではなく、実は施工者aは意匠権Xを侵害していなかったことが明らかになったとしましょう。例えばXの意匠登録が無効になったり（Q17）、裁判でXの効力は施工者aによる建物αの建築には及ばないとされたりした場合です（Q10-Q13）。つまり、施工者aが意匠権Xを侵害するという「事実」が無かったということです。

警告の前提が間違っていたということですね。

このような場合、警告Bがさきほどの「競争関係にある他人の営業上の信用を害する虚偽の事実を告知し、又は流布する行為」に該当し、意匠権者が施工者aから責任を追及される可能性があります。
これは、意匠権者xが警告Bのような内容を新聞・雑誌・ウェブサイト等に掲載した場合も同様です。

意匠権者xは、どのような責任を負うことになるのですか？

警告Bによって施工者aが受けた損害を賠償する責任を負ったり、施工者aの信用を回復するための措置（謝罪広告の掲載等）が命じられたりする可能性があります。これは意匠権者xに「故意」や「過失」があることが前提です。
また「故意」や「過失」がなくても、警告Bやその内容の掲載等の差止が命じられることもあります。

警告Aについてはどうですか？

警告Aは競争関係にある施工者aに直接行うものですから、施工者aの信用を害する虚偽の事実の「告知」や「流布」には該当せず、少なくとも、先ほどの「不正競争」の問題はありません。
また警告Aは建築を行っている施工者aへ直接行うものですから、それが侵害行為に該当しないことを知りながら行われたような悪質なものでない限り、正当な権利行使の一貫として認められ、意匠権者xが警告Aの責任を負う可能性は低いでしょう。

最高裁
昭和63年1月26日判決

建築を行っている相手に直接警告を行う方が安全ということですね。

その通りです。ただ、建築業界では重層下請構造が一般化していますし、意匠権者の競争相手の取引先が建築の一部を請け負うケースもあるでしょう。発注方式も多様化しているため、判断に迷うケースもあるかもしれません。

そうなると、警告を躊躇してしまいそうですね。

そうですね。ただ、（Ⅰ）侵害者ともなり得る取引先（自らも実施行為を行っている者）に対して警告がなされたケースで、その警告が正当な権利行使の一環であるならば違法性はないとした事例もあります（磁気信号記録用金属粉末事件：東京高裁平成14年8月29日判決）。

取引先も実施を行うようなケースですね。

（Ⅱ）また取引先への警告について、リスクを恐れて権利行使を委縮してしまう不利益と権利者の競争関係者の利益とを総合的にみて、「故意」や「過失」がなかったと判断された事例もあります※（雄ねじ部品事件：知財高裁平成23年2月24判決）。

※損害賠償や信用回復の措置を行う責任は、不法行為者に「故意」や「過失」があったことを要件としますが、警告や掲載等の差止は「故意」や「過失」を要件としません。そのため、「故意」や「過失」がなかったと判断された場合には、損害賠償等の責任は負いませんが、差止が命じられる可能性は残ります。

事情によっては、権利者側のリスクを回避できるということですね。

ただ、それもケースバイケースですので注意が必要です。特に国等の公的な取引先に警告を行った場合には、相手方の被害者意識が強くなることもあるので避けたほうがいいでしょう。
警告が正当な権利行使の一環と解釈されるように、警告の文書の形式、配布時期、期間、数、競業者との関係や交渉の経緯等への配慮も必要です。競争相手を陥れようとする行動は避けるべきです。
前提として、警告前に専門家に相談し、以下を慎重に検討すべきでしょう。

■警告を行う際に検討したい事項

①有効な意匠権が存在すること
②相手が事業として、登録意匠もしくはこれに類似する意匠を実施していること、または意匠権を侵害するとみなされる行為を行っていること
③相手に正当な権原や理由がないこと

①では、登録料の払い忘れや存続期間の満了等で意匠権が抹消されていないかを確認したり、審査で見落とされていた意匠登録すべきではない理由（無効理由）がないかを調査したりすることになります。相手は必死に無効理由を探してくるでしょうからね。
②は**Q11,Q12**で触れた事項の検討、③は**Q13**で触れた事項の検討です。その他、相手が反撃に使えそうな意匠権等を持っていないか等も検討すべきですね。
いずれも、専門家に鑑定を依頼するのがいいでしょう。

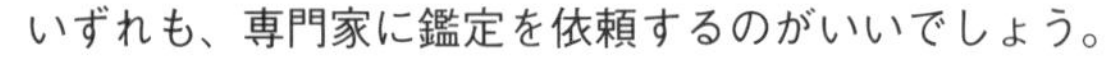

事前の慎重な検討と、相手方への紳士的な対応ということですね。

Q25 従業員の建築デザインは誰のもの？

建築デザインは設計者の能力と努力の結晶といえます。しかし、設計者がハウスメーカー等の会社の従業員である場合、会社側も給与の支払いや設備の提供等によって従業員に貢献しています。このような場合、創作された建築デザインは誰のものと言えるのでしょうか。

会社で雇用されている従業員が仕事として設計を行った場合、その建築デザインの意匠権はどうなるのでしょうか？

会社の従業員が創作した意匠のうち、以下の要件（A）（B）を満たすものは「職務創作意匠」と呼ばれます。このような意匠の場合、労使間で利益のバランスをとる必要があるとされています。

（A）会社の業務範囲に属する意匠であること
（B）その意匠の創作に至った行為が、その会社での従業員の現在または過去の職務に属すること

職務創作意匠にあたる場合、意匠権をめぐる扱いに、どのような違いがあるのでしょうか？

意匠の創作者は、その「意匠登録を受ける権利」を取得し、意匠登録出願を行うことができる、というのが原則です（Q16）。今回のケースの創作者は従業員ですね。
ところが職務創作意匠はこの例外であり、会社に以下のような特別な権利が与えられます。

■職務創作意匠において会社に与えられる権利

（１）この従業員やその意匠登録を受ける権利の承継者が意匠登録を受けたときに、会社に通常実施権（Q15）が発生する。

（２）あらかじめ、会社に意匠登録を受ける権利を取得させたり、意匠権を承継させたり、専用実施権（Q15）を設定することを、定めておくことができる。

（３）意匠登録を受ける権利をその発生時から会社に帰属させるよう定めておくこともできる。※

※職務創作意匠の「意匠登録を受ける権利」がその発生時から使用者等に帰属する場合、この使用者等には（1）の通常実施権が発生しないと考えられます。

（1）はライセンスのことですか？

従業員等が職務創作意匠の意匠権を取得したとしても、会社はこの意匠を実施できるということです。手続きは不要であり、従業員等が「意匠権を侵害している」という理由でこの会社を訴えても認められません。

（2）（3）は会社に権利を譲ってしまう、ということでしょうか？

「意匠登録を受ける権利」や意匠権が会社のものになったり、Q15で触れた独占的なライセンス（専用実施権）を会社に設定したりすることを、意匠の創作前から、雇用契約、就業規則、職務発明（創作意匠）規定等で定めておいてもよい、ということです※。従業員からすると、将来、自分がどんなデザインを生み出すか分からない段階で、このような約束をしてしまう、ということになります。

※「意匠登録を受ける権利」を有する者は、それに基づいて意匠登録出願を行った意匠またはそれに類似する意匠の範囲内において、他人に「仮通常実施権」を許諾することができます。このような意匠登録出願について意匠登録がされると、この仮通常実施権を有する者に対し、通常実施権が許諾されたものとみなされます。

会社のおかげということもあるでしょうけど、従業員も設計で生まれた権利がどう扱われるのかを知っておいたほうが良さそうですね。

それでは「意匠登録を受ける権利」の扱いを例にとって見てみましょう。これには、以下の３つのパターン①②③があります。

意匠登録を受ける権利	会社側のメリット	会社側のデメリット
①発生時から会社に帰属	・共同創作でも会社に確実に帰属 ・二重譲渡問題が発生しない ・手続きが簡素	・会社に通常実施権が発生しない
②会社へ予約承継	・会社に帰属させない場合でも、会社に通常実施権が発生する	・共同創作の場合に、会社に帰属しないリスクあり ・二重譲渡によって会社に帰属しないリスクあり ・譲渡手続きが必要
③発生後に個別の契約で会社に譲渡	・柔軟な権利帰属が可能 ・会社に帰属させない場合でも、会社に通常実施権が発生する	・交渉と契約が必要 ・会社に帰属しないリスクあり ・譲渡手続きが必要

図表25-1 職務創作意匠の意匠登録を受ける権利

①では、従業員の職務創作意匠に発生した「意匠登録を受ける権利」が、その発生時から会社のものとなります。
②では、「意匠登録を受ける権利」はいったん従業員に発生しますが、その後、定めに従って会社に取得（予約承継）されます。
これらはあらかじめ扱いが定められているパターンです。
一方、③では、「意匠登録を受ける権利」の発生後に、これを会社に譲渡するかどうかを交渉して契約を結ぶパターンです。

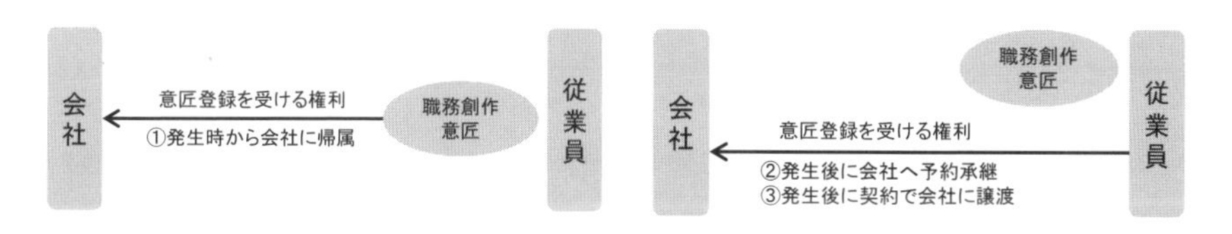

図表25-2 発生時から会社に帰属

図表25-3 発生後に予約承継・契約で譲渡

②③の場合、会社側に以下のリスクがあります。そのため、会社は①を望むことが多いでしょう。

Chapter ③ Q25 従業員の建築デザインは誰のもの？

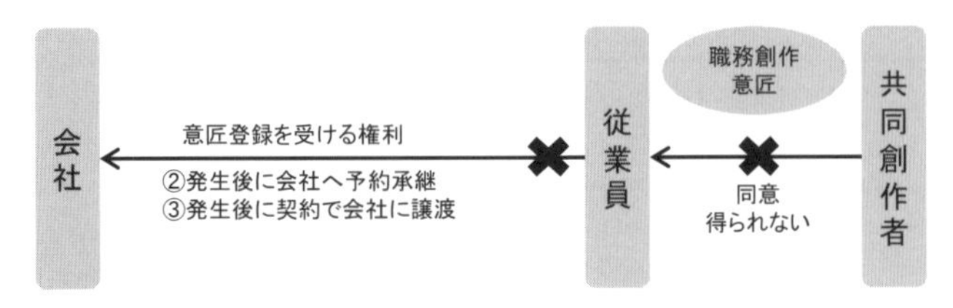

図表25-4 共同創作時の譲渡問題

まず従業員が、他の共同創作者と職務創作意匠を創作したケースです。設計の一部を外部の設計事務所に委託したような場合です。
このケースでは、「意匠登録を受ける権利」が従業員と共同創作者との共有になることがあり、この場合、従業員は、共同創作者の同意を得なければ、その持分を会社に譲渡できません（Q16）。

外部の設計事務所との関係は、どうなるか分かりませんからね……

さらに会社側は、従業員が勝手に「意匠登録を受ける権利」を他者に譲渡してしまう（これを「二重譲渡」といいます）リスクも気にするでしょう。

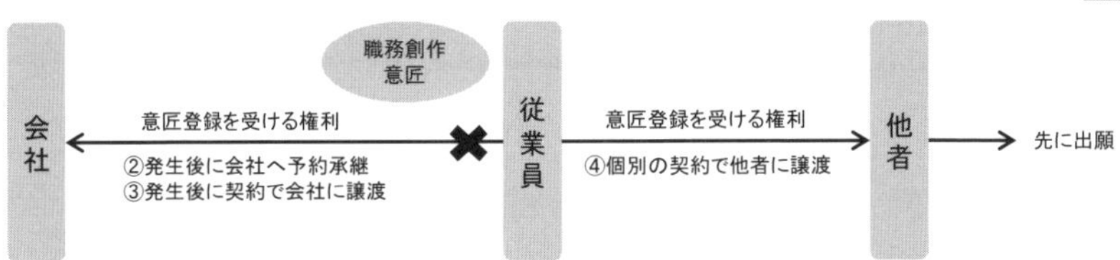

図表25-5 二重譲渡問題

このような場合、他者が先に意匠登録出願をしてしまうと、会社はその職務創作意匠の意匠権を取得できなくなります※。

※意匠登録出願前に同一の意匠登録を受ける権利が複数人に承継された場合、先に意匠登録出願を行った承継人が正当に意匠登録を受ける権利を取得した（第三者に対抗できる）ことになります。

従業員が会社を裏切るパターンですね。

そのため、会社としては、「意匠登録を受ける権利」がその発生時から会社のものになる①が安心ということです。社内手続きも簡素です。

どのような定めが①と扱われるのでしょうか？

例えば以下のような定めが①に該当します。意匠の創作前から会社が「意匠登録を受ける権利」を取得することが決められています。

■職務創作意匠に関する定めの例

①職務創作意匠については、その意匠の創作が完成した時に、会社が意匠登録を受ける権利を取得する。

会社が「職務創作意匠ごとに個別に判断したい」と考えている場合には、以下のような定めになっているかもしれません。

①職務創作意匠については、その意匠の創作が完成した時に、会社が意匠登録を受ける権利を取得する。ただし、会社がその権利を取得しない旨を創作者に通知したときはこの限りではない。

一方、以下の定めは②と扱われます。意匠の創作後に会社が「意匠登録を受ける権利」を取得することが明記されています。

②会社が職務創作意匠に係る権利を取得する旨を創作者に通知したときは、会社は、当該通知の到達時に、当該職務創作意匠に係る権利を取得する。

これらから会社の意向と権利の扱いが読み取れるわけですね。

Q26 報酬トラブルを避けるためには？

Q25 で触れたように、会社が従業員から職務創作意匠の「意匠登録を受ける権利」を取得したり、意匠権を承継したり、専用実施権の設定を受けたりした場合、その従業員は会社から金銭等の報酬を受けることができます。このような報酬について、従業員とのトラブルを避けるためには、どのような点に注意すべきなのでしょうか。

会社が従業員から意匠権をめぐる権利を取得した場合（Q25）、この従業員に対して金銭等を支払うべきなのでしょうか？

意匠法では、勤務規則等に基づいて会社が従業員から職務創作意匠の「意匠登録を受ける権利」を取得等した場合、その従業者は「相当の金銭その他の経済上の利益（相当の利益）」を受ける権利を持つことが定められています。

「相当の利益」とは、どのようなものですか？

金銭でもよいですし、給与が増える昇進・昇格、有給休暇、ストックオプションの付与等、金銭以外でも構いません。これはご褒美のようなものではなく、従業員に認められた権利といえます。

設計者は、ハウスメーカー等の大企業で働くこともあれば、アトリエ設計事務所等でいわゆる「修行」のために働くこともあり、様々です。従業員が意匠権について金銭等を受ける権利を持つ、ということを意識していない設計者も多いかもしれません。

そうかもしれませんね。特に建築物が意匠権の対象となってからあまり経っていませんし。ただ、近年、意匠権をはじめとする知的財産が話題になることも多いですし、終身雇用制度の崩壊など雇用関係も多様化していますから、今後、建築分野でも職務創作意匠における従業員への報酬についてトラブルが生じるかもしれません。

他の分野では、どのようなトラブルが生じているのでしょうか？

特許の事例ですが、かつて、会社が職務発明について従業員に支払った報酬の額の増額を求める訴訟が相次いだことがありました。
以下はその一部ですが、裁判所が会社に対して巨額の支払いを命じた事例も存在します。

被告	職務発明時の原告の身分	会社の支払額	判決日	裁判所	裁判所の認容額
オリンパス光学工業	研究者	約21万円	平成15年4月22日	最高裁	約229万円
日立製作所	研究者	約232万円	平成18年10月17日	最高裁	約1億6300万円
日亜化学工業	研究者	2万円	平成16年1月30日	東京地裁	200億円 （約8.4億円で和解）
味の素	研究所課長	1000万円	平成16年2月24日	東京地裁	約1億8935万円 （約1.5億円で和解）

図表26-1 職務発明の対価請求訴訟の例

勤務規則等により職務発明について特許を受ける権利等を使用者等に承継させた従業者等は、当該勤務規則等に、使用者等が従業者等に対して支払うべき対価に関する条項がある場合においても、これによる対価の額が同条4項の規定に従って定められる対価の額に満たないときは、同条3項の規定に基づき、その不足する額に相当する対価の支払を求めることができると解するのが相当である。

オリンパス光学工業事件（最高裁平成15年4月22日判決）

このように以前は、勤務規則等で報酬基準の取り決めがあったとしても、従業員から訴訟が提起されれば、諸事情を考慮して、その取決めが排除され、会社が予想を超えた負担を負うリスクがありました。
しかし、現在は法律が改正され、会社が基準を定めて従業員に「相当の利益」を与えるまでの過程に合理性があれば、その基準が尊重されます（α）。これにより、会社は報酬の負担をある程度予想できます。

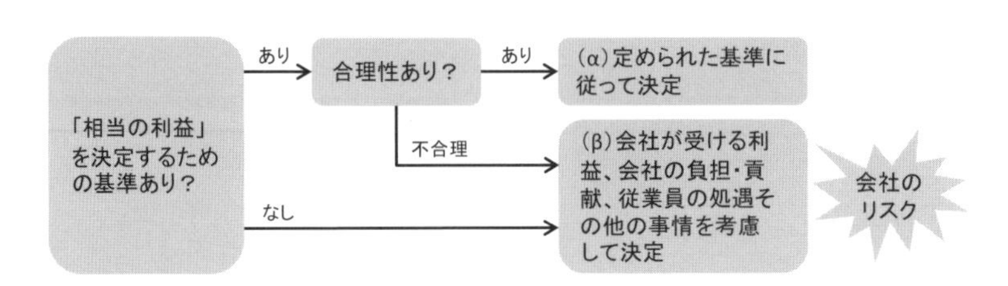

図表26-2 相当の利益の決定

一方、基準がなかったり、基準に従って「相当の利益」を与えることが不合理であったりする場合には、諸事情を考慮して「相当の利益」が決定されます（β）。
しかし、将来会社が受ける利益や従業員の貢献度等を事前に予想することは困難です。そのため（β）では、従業員のデザインによる住宅シリーズがその後大ヒットしたような場合等に、従来のように想定を超えた報酬の支払いが会社に命じられるリスクがあります。

この「合理性」は、どのように判断されるのでしょうか？

合理性の有無は、基準の内容（報酬額等）で判断されるのではなく、以下の一連のプロセスが適切に行われていたかどうかで判断されます。

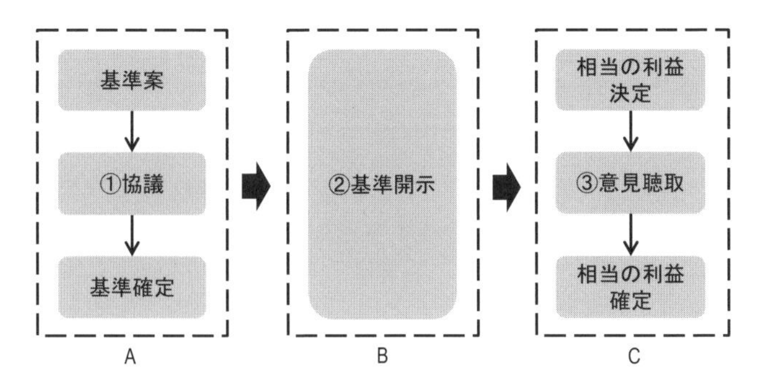

図表26-3 相当の利益付与のための手続き

つまり、基準を作成する過程A、作成した基準を従業者に開示する過程B、基準に基づいて具体的に「相当の利益」を決めて従業員に与える過程C、の全体の状況から合理性が判断されます。
特にAで①会社と従業者との間で行われる協議の状況、Bでの②基準の開示の状況、Cで行われる③従業員からの意見の聴取の状況が適正か否かが判断され、それらが適正であれば合理性あり（α）、というのが原則です。
具体的には、[QR]の指針が参考になります。

①の協議の状況とは、どのようなものですか？

基準を作成するために、会社と従業員がきちんと話し合う機会を持っていたか、ということです。協議は、会社が従業員と個別に行ってもいいですし、全員を集めて行ってもよいですし、従業員の代表者と行ってもよいですし、遠隔や電子掲示板等で行っても構いません。

会社と従業員が合意するまで話し合う、ということですか？

合意に至ることが望ましいですが、必ずしもそこまでは必要ありません。ただし、会社と従業員との間で実質的に協議が尽くされている必要はあります。従業員に発言する機会が与えられていないとか、従業員の代表者が他の従業員から協議を正当に委任されていないとかの場合には、不合理と解釈される可能性が高くなります。

②の開示とは、どの程度のものでしょうか？

従業員が基準を見ようと思えば見ることができるようにしておく、ということです。社内の掲示板に基準を掲示したり、基準を従業員に配布したり、といった方法が考えられます。

③の意見の聴取はどのように行うべきでしょうか？

基準に基づいて従業員の「相当の利益」を決定する前に行っても、「相当の利益」を決定した後に行っても構いません。必ずしも合意は必要ありませんが、会社は従業員の意見に真摯に対応する必要はあります。意見を聞くだけで何も対応しなかった、というのはまずいですね。
いずれにしても①②③をしっかり実施し、その証拠を残しておくことが重要です。公証制度を利用してもよいでしょう（Q22）。

備えておけば、後にトラブルになりにくいということですね。

Q27 報酬はどうやって決める？

会社が従業員の職務創作意匠に対して支払うべき報酬はどのように決められるのでしょうか。裁判所が諸事情に基づいて決定する場合、会社が定めておいた基準に従って決定する場合（Q26）、それぞれについて見てみましょう。

意匠を創作した従業員への報酬は、どのように決めればいいのですか？

それでは、まず近年の裁判例から、裁判所がどのように報酬、つまり「相当の利益（相当の対価）」を定めるのか見ていきましょう。これはQ26で触れた（β）の場合に相当します。

（β）は会社にとってリスクとなる場合でしたよね。

最初に、自社で実施せずに他社に意匠権をライセンスし（Q15）、会社がそのライセンス収入を得ている場合の算定方法について説明します。この場合には、従業員の報酬額は、以下のように計算されます。

実施料収入額	×	1－会社の貢献度	×	意匠寄与率	×	共同創作者寄与率
(a)		(b)		(c)		(d)

図表27-1 裁判所による算定（自社実施せずに他社にライセンスした場合）

(b) は従業員の貢献度（貢献率）を表しています。これは会社の貢献度を差し引いたものになります。従業員が仕事として設計を行う場合には、会社も様々な貢献をしている、ということを表しています。

(b) はどのように決められるのでしょうか？

ケースバイケースですが、建築の場合には、おおむね以下のような両者の貢献を比較して（b）の値が決定されるでしょう。通常、会社の貢献度のベースラインを0.95（95%）（(b) を0.05）とし、そこから両者の貢献度合に応じて（b）の値を調整することになります。特許を含む裁判例では、(b) は0.02～0.6（2～60%）程度といったところです。

従業員の貢献	会社の貢献
デザインの着想	給与・賞与・待遇
デザインニーズの把握	知識・ノウハウの提供
設計図書の作成	設計設備等の負担
出願書類の作成	権利取得・権利維持
権利化への協力	他の従業員の協力
ライセンス契約への協力	ライセンス契約の締結

図表27-2 従業員の貢献と会社の貢献

（c）の寄与率って出願費用か何かの割合ですか？

いいえ。1つの建物に複数の意匠権等が関係していて、それがまとめてライセンスされるようなことがあります。(c) はこの場合の実施料収入額のうち、対象の意匠権に対応する収入の割合を示しています。

なるほど。それでは（d）の寄与率は何の割合ですか？

従業員が他者と共同で設計を行ったような場合に（Q16）、この従業員がどのくらい建築デザインの創作に貢献していたのかを表す割合です。従業員が一人で設計したのであれば、(d) は1（100%）になります。

なかなか難しそうですが、諸事情を分けて検討するということですね。

次に、会社が自ら意匠を実施している場合を見てみましょう。ハウスメーカーの従業員が建物の設計を行い、そのハウスメーカーがその建物を販売して利益を上げたようなケースです。この場合、従業員の報酬額は以下のように計算されます。

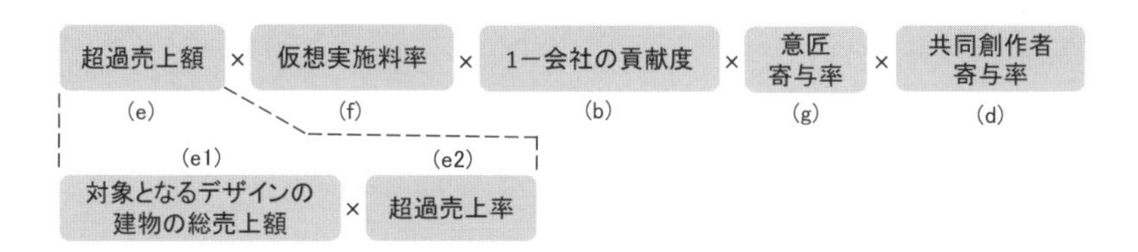

図表27-3 裁判所による算定（自社実施した場合）

(e) は対象となるデザインの建物の総売上額 (e1) のうち、意匠権によってデザインを独占したことに基づく売上額です。これは同業他者もこの意匠を実施できたと仮定した場合の売上額を差し引いた額になります。

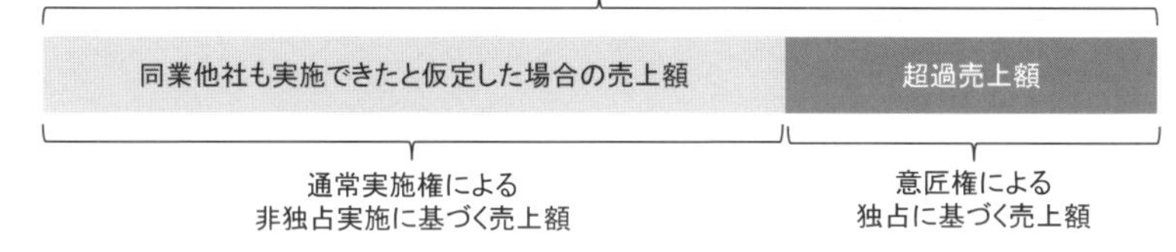

図表27-4 超過売上額

例えば、意匠権を取得したファサードのデザインが建売住宅の売上に貢献したような場合には、総売上額 (e1) に占める超過売上額 (e) の割合（超過売上率 (e2)）が高くなるでしょう。意匠権によってそのデザインを独占することでシェアが伸びたと言えますからね。
一方、独占してもそれほどシェアに貢献しないようなデザインの場合には、(e) の割合は小さくなるでしょう。

(e2) はどのくらいになることが多いんですか？

ケースバイケースですが、裁判例では0.1～0.5(10～50%)程度です。

(f) はライセンス料ですか？会社が自ら実施しているケースですが……

他社に対象のデザインをライセンスすると想定した場合の実施料率です。本来は想定した利益率で考えるべきなのですが、難しいので（f）が用いられることが多いですね。発明協会「実施料率－技術契約のためのデータブック」というアンケート結果をまとめた書籍が参考になります。建設分野だと（f）は0.01～0.05（1～5%）が一般的です。

(g) は先ほどのライセンス収入を得ているケースの (c) と同じですか？

今回は会社が実施しているケースなので、複数の意匠権等が関係している建物の売上のうち、対象の意匠権に対応する売上の割合です。

いずれも会社で従業員の報酬を決めるために使うには難しいそうですね。各値をどのように決めたらいいのかも分かりにくいですし。

そうですね。そのため、社内では簡易化した基準を用いることが一般的です。**Q26**で触れたように、会社が基準を定めて従業員に「相当の利益」を与えるまでの過程に合理性があれば、その基準が尊重されます（α）。次のこの（α）の例を見ていきましょう。

算定方法	内容
①定額法	支払額を一律に設定しておく方法
②評価点数法	各評価項目について点数付けを行い、その合計点数に応じて支払額を決める方法
③スライド法	実際の売り上げ実績・収入実績に基づいて支払額を決める方法

出願時	設定登録時	実績補償時
①定額法 ②評価点数法	①定額法 ②評価点数法	①定額法 ②評価点数法 ③スライド法

発明協会「職務発明ハンドブック」に基づいて作成

図表27-5 会社での補償金額の算定の例

会社が定める基準の内容について特に制約はありませんが、上の①②③のいずれかや、それらの組み合わせによって報酬額を定めることが一般的です。
報酬の支払いは、出願時と設定登録時に行われるケースが多く、さらに実際の売上額が基準レベルを超えた場合（実績補償時）に、実績に応じて追加で報酬が支払われるケースもあります。

①は支払額が一定で分かりやすいですね。②はどのようなものですか。

従業員が設計を行った場合に、会社側でそのデザインの価値について各評価指標について点数付けを行い、その合計点数に応じた等級によって報酬額を決めるものです。このような評価は意匠登録出願を行うか否かの判断にも使われるので、その結果を流用することもできます。

評価指標
1.デザイン的価値の評価 デザインの独創性 意匠的効果 自社デザインとの関連度合
2.権利的価値の評価 独占性 他者デザインへの牽制度合
3.経済的価値の評価 市場性

等級	合計点数	金額
A	26～30	50万円
B	21～25	40万円
C	16～20	30万円
D	11～15	20万円
E	5～10	10万円

図表27-6 評価点数法の例

②の点数付けはどのように行うのですか？

各評価項目と配点を記載したワークシートを用意しておき、対象となるデザインの各評価項目に点数付けをしていく方法等があります。
例えば、「デザインの独創性」の評価項目であれば、新たなデザインコンセプトには5点、過去のデザインの改良には3点、同じデザインコンセプトのバリエーションの１つには1点というイメージです。

③は先ほど伺った裁判所で行っているような方法ですか？

これも決まりがあるわけではありませんが、先ほどの裁判所での算定（β）を簡略したものが考えられます。
例えば、デザインの価値や従業員の貢献が高いほど（b）（c）（d）（e2）（f）（g）が大きくなる傾向があるため、これらの代わりにデザインや従業員の貢献の各評価項目に点数付けをしていき、その結果から評価率（X）（Y）を計算し、以下のように報酬額を定める方法が考えられます。

実施料収入額 (a) × 点数付けによる評価率 (X)

図表27-7 スライド法の例（自社実施せずに他社にライセンスした場合）

対象となるデザインの建物の総売上額 (e1) × 点数付けによる評価率 (Y)

図表27-8 スライド法の例（自社実施した場合）

それでも手間はかかるので、会社としては①の定額報酬を支払う基準が理想と言えます。一方、報酬額と会社の収入との乖離を金銭以外の待遇にどう反映させるか等の協議が必要になるかもしれません（Q26）。

このあたりが会社と従業員との話し合いのポイントですね。

Q28 海外で日本の意匠権は通用する？

少子高齢化によって国内市場が縮小していく中、今後もインフラ需要が拡大する海外市場への進出は、建築業界にとって大きなテーマといえます。このような海外進出において、建築デザインをどのように保護していけばよいのでしょうか。

日本の意匠権は海外でも通用するんですか？

いいえ。日本の意匠権の効力は、その権利を認めた日本の領土内でのみ有効であり、国境を越えて海外にまで及ぶものではありません。また、日本の意匠権の成立や消滅等といったことは日本の法律によって定められます。このよう原則を「属地主義」といいます。

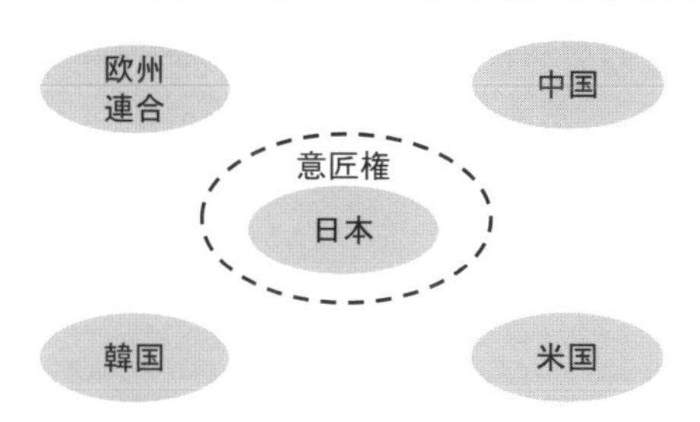

図表28-1 属地主義

日本の意匠権だけでは、海外での模倣を防げないということですね。

そうですね。日本で意匠登録された建築デザインはインターネットで公開されるので、そのデザインは国境を超えて世界中に拡散されることになります。一方、日本の意匠権の効力が及ぶのは日本国内だけですので、そのままでは海外で模倣し放題ということになってしまいます。

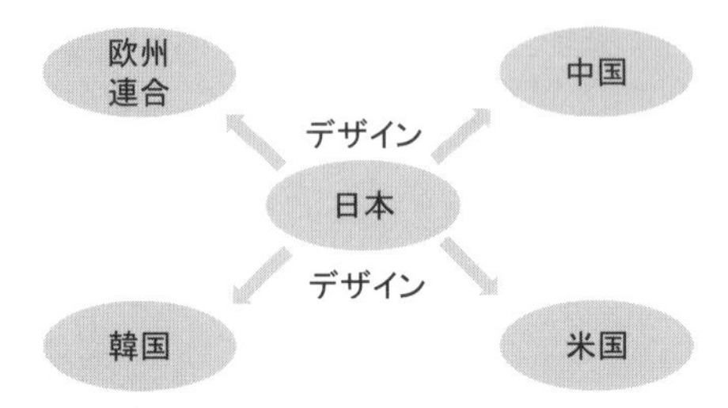

図表28-2 デザインの拡散

保護しようとする国ごとに意匠権の取得が必要ということですか？

そうなります。ただ、意匠権を取得するための手続きや要件は国ごとに異なりますし、言語も異なるので不都合が多いですね……例えば、外国の出願準備に時間がかかってしまうとか。
先に出願した方が審査等で有利に扱われる国が多いので、日本人が外国で意匠権を取得しようとする場合、その外国の国民よりも時間的に不利となってしまうことも多いでしょう。

なんだか不公平な感じもしますね。

これに対して「工業所有権の保護に関するパリ条約（パリ条約）」という条約が存在します。現在、ほとんどの国がこれに加盟しています。
この「パリ条約」で認められた「優先権」という制度を利用することで、先ほど話した時間的な不利益を受けることなく、海外で意匠権を取得することが可能になります。

優先権を利用すれば、国ごとに意匠権を取得しなくてもよくなるのですか？

そうではありません。保護を受けようとする国で意匠権を取得する必要はあるのですが、その手続き面の時間的な不利益を回避できるというものです。
例えば、日本の会社αが日本で出願Aを行い、その後、米国でも同じ建築デザインの意匠権を取得しようとして準備を進め、米国で遅れて出願Bを行ったとします。出願Bは出願Aよりも遅く出願しているため、通常、その時間分だけ米国の審査では不利と言えます。

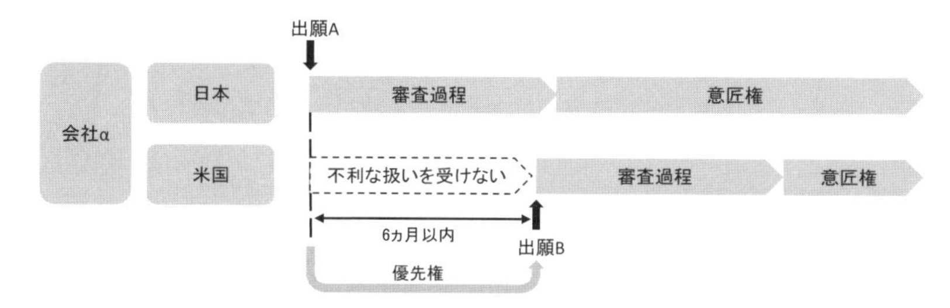

図表28-3 パリ条約優先権

しかし、日本の出願Aに基づいて「優先権」を主張し、出願Aから6カ月以内に米国で出願Bを行った場合、出願Bは出願Aよりも遅れて出願していたにもかかわらず、出願Aから出願Bまでの行為によって不利な扱いを受けることはありません※。
これにより、米国での出願の準備に時間がかかってしまっても、その時間遅れが米国の審査で不利に扱われることはありません。

※出願Aから出願Bまでの期間内にされた (i) 他の出願、(ii) 公表又は実施もしくは (iii) その他の行為によって、出願Bが不利な取扱いを受けることはありません。また、この期間内にされた (i) (ii) (iii) といった行為は、先使用権等の第三者のいかなる権利又は使用の権能をも生じさせません。ただ、出願Bの出願日自体が出願Aの時点に遡るわけではないため、これら以外については実際の出願Bの日を基準に判断されることがあります。

余裕をもって外国への出願を行うことができそうですね。

そうですね。ただ、「優先権」を使ったとしても、複数の国で意匠権を取得するには、やはり複数の出願手続きが必要となります

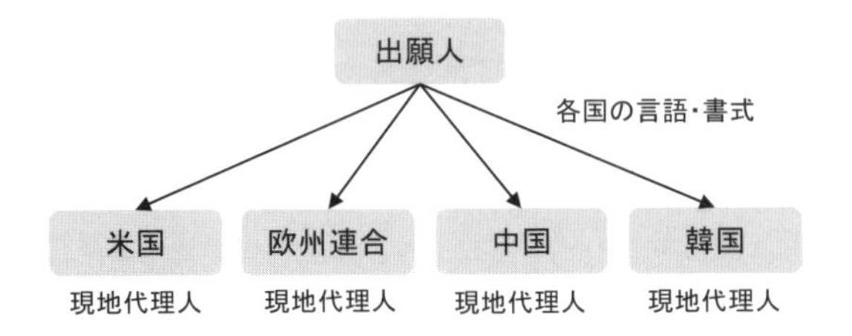

図表28-4 通常の出願手続き

例えば、米国、欧州連合、中国、韓国で意匠権を取得するためには、通常、それぞれの現地代理人を選び、それぞれ別個の言語・書式で出願手続きを行う必要があります。

手続きも大変そうですし、費用もかかりそうですね。

このような場合、意匠の国際出願制度（ハーグ制度）を利用できます。これは、単一の言語・書式の国際出願によって、複数の国（指定国）にそれぞれ出願されたのと同等の効果を得られる制度です。
出願人は、直接または国内官庁（特許庁）経由で、世界知的所有権機関（WIPO）の国際事務局に国際出願を行うことができ、それが国際登録されると、その国際登録日から、複数の指定国（例えば、米国、欧州連合、中国、韓国）に出願されたのと同等の効果が生じます。

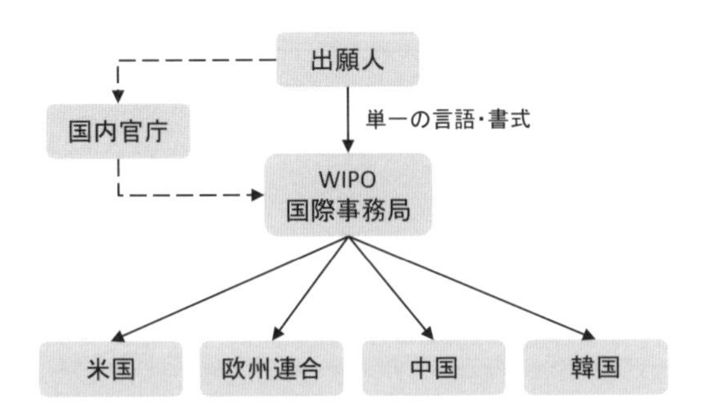

図表28-5 国際出願手続き

これにより、出願のために現地代理人を選択したり、各国ごとに異なる言語や書式で出願したりする必要がなくなります。

手続きも簡単ですし、費用も安くなりそうですね。

はい。ただ、この場合も世界中に効力が及ぶ意匠権が取得できるわけではありません。※出願後にどのような審査によってどのような意匠権が発生するのかといったことは、指定国（例えば、米国、欧州連合、中国、韓国）でそれぞれ独立に定められます。審査も指定国ごとに独立です。

※1つの出願を1つの官庁に提出することにより，欧州連合全域に効力が及ぶ意匠権を取得できる「共同体意匠」という制度も存在します。

あくまで意匠権は独立ということですね。

また以下のように、「ハーグ制度」の国際出願Cを行う際に「パリ条約」の「優先権」を主張することもできます。これにより、複数の指定国（指定国にも日本が含まれる場合には日本を除く）において、先ほど触れたような優先権の効果を得ることができます。

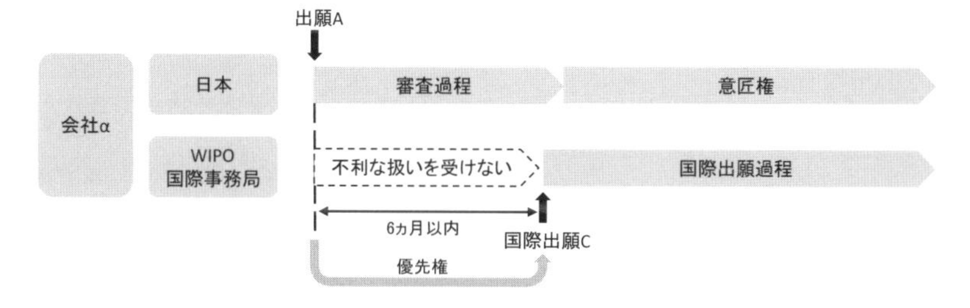

図表28-6 国際出願での優先権主張

制度を組み合わせることで、両方のメリットを得られるわけですね。

Q29 海外で建築デザインはどのように保護される？

建築デザインをどのように保護すべきかというようなことは、各国の産業政策と密接に関連するものであり、その保護の在り方は、行為が行われた国の法律に従うというのが原則です（属地主義）。

建築デザインは、海外の意匠法でどのように保護されるのでしょうか？

世界の意匠制度は調和の方向に進んでいますが、まだまだ、各国で違いがあります。今回は世界の出願の大部分を占める日米欧中韓での意匠制度を比較してみましょう※。

※欧州連合の共同体意匠には、出願・登録によって権利が発生する「登録共同体意匠」と、欧州共同体内で公衆に利用可能になった意匠を出願手続き不要で3年間保護する「非登録共同体意匠」があります。今回は「登録共同体意匠」を比較対象としています。

	日本	米国	欧州連合	中国	韓国
建築物の意匠登録の可否	○	○	○	○	△
内装の意匠登録の可否	○	○	○	○	×

図表29-1 建築デザインの意匠登録の可否（2023年2月時点）

まず、建築物や内装が意匠法で保護されるのかという点ですが、日米欧中ではこれらの意匠登録が認められています※。
一方、韓国では、原則として不動産は意匠登録の対象ではありません。ただ、パーツが工場で量産され、運搬されて組み立てられる組立て家屋等は例外的に登録の対象となります。この点、以前の日本の意匠制度に似ています。

※中国では、特定な地理的条件よって決まり、繰り返して再現することのできない固定された建物、橋など（例えば、山や河川を含む山水別荘）は意匠登録できません。

国によっては保護できない建築デザインもある、ということですね。

審査の仕方も、国によって異なります。日米韓では、出願書式等の形式面だけでなく、出願された意匠が新しいものなのか等、調査を前提としたデザイン内容の審査（実体的審査）も行われます。
一方、欧州連合の欧州共同体意匠では、調査が不要な出願の形式面等の簡単な審査のみを行い、それに問題がなければ登録が認められます。そのため、早ければ出願から数日で意匠権が発生します。

	日本	米国	欧州連合	中国	韓国
実体的審査の有無	○	○	×	△	○

図表29-2 実体的審査の有無（2023年2月時点）

欧州連合の審査は簡易ということですね。問題は無いのでしょうか？

欧州連合では、既に知られている建築デザインも意匠登録されてしまうおそれがあります。そのため、ある日突然、自分の建築デザインが他者に勝手に意匠登録された、といったことも起こり得ますね。
ただ、このような場合に、意匠登録が不適切であることを争う機会は与えられているので、これを使って不適切な意匠権を無効にすることは可能です。

中国はどうですか？

以前は中国も実体的審査を行わずに意匠登録を認めていたのですが、最近は、審査が厳格化しており、出願されたデザインが新しくない（新規性がない）、という理由で登録が認められないケースが増えています。

審査の厳しさが変化することもあるんですね。

制度面でも各国に特色があります。まず、同じデザインコンセプトのデザインのバリエーションを関連付けて保護する制度（デザインのバリエーションの保護）の有無です。日本だと「関連意匠」ですね（Q8）。

	日本	米国	欧州連合	中国	韓国
デザインのバリエーション保護	○	×	×	○	○
デザインの部分的保護	○	○	○	○	○

図表29-3 戦略的保護制度の有無（2023年2月時点）

「デザインのバリエーションの保護」とは、どういう意味でしょうか？

原則、互いに類似するデザインが出願された場合、少なくともいずれかが拒絶されるのですが、同じデザインコンセプトから派生した複数のバリエーションについては、例外的に保護を認めようという制度です。

バリエーションを保護するための例外ということですね。

日中韓ではこのような例外的な保護を認めています。日韓では、一定期間内であれば、異なる日に複数のバリエーションのデザインを出願することもできます。これに対し、中国では同日の出願に限られます。一方、米欧では、このような制度自体存在しません。

米欧では、このような保護はできないということですか？

そうとは限りません。米欧でも、特定の条件を満たせば、1つの出願に複数のデザインを記載することができます。この制度を使えば、バリエーションのデザインを保護できることも多いでしょう。

米欧でも他の制度を利用すれば保護できるんですね。

特に米国には「ターミナルディスクレーマー」といって、権利期間の一部を放棄する代わりに似たデザインの複数の意匠登録を認める制度や、先の出願に意匠を追加できる「一部継続出願」と呼ばれる制度もあり、それらを活用すればバリエーションの保護は可能でしょう。

国の制度に応じたやり方があるわけですね。

また、デザインの全体ではなく、特徴的な部分を保護する制度（デザインの部分的保護）については（Q8）、日米欧中韓のいずれにも存在します。

「デザインの部分的保護」には、どんなメリットがあるのですか？

この制度を利用すれば、特徴的な部分のみを模倣し、他の部分を変更したようなデザインにも、権利行使しやすい場合があります。

	日本	米国	欧州連合	中国	韓国
秘密意匠（公告延期）制度の有無	○	×	○	×	○

図表29-4 密意匠制度の有無（2023年2月時点）

次は、「秘密意匠（公告延期）制度」です。通常、意匠権が設定登録されると、その内容が公開されますが、この制度を利用すれば、意匠登録されてもその意匠を一定期間秘密にしておけます。
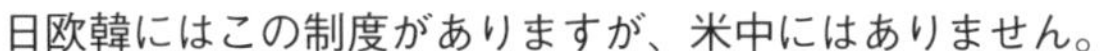
日欧韓にはこの制度がありますが、米中にはありません。

どんなときに利用すべき制度なのでしょうか？

例えば、コンペに出す前や建築の開始前に意匠権を取得しておきたいが、デザインは公開したくない場合ですね。
米国や中国でも審査を意図的に遅らせることで意匠登録を遅延させ、公開時期を遅くすることはできます。ただ、この場合には意匠権の発生も遅れてしまいます。
「秘密意匠（公告延期）制度」は意匠登録を取得しながら、デザインを非公開にできる点にメリットがあります。

	日本	米国	欧州連合	中国	韓国
存続期間の起算日	出願日	登録日	出願日	出願日	出願日
存続期間（最長）	25年	15年	25年	15年	20年

図表29-5 存続期間（2023年2月時点）

最後は、権利の存続期間です。上のように日米欧中韓でまちまちです。

国によってかなり違うんですね。

また、日欧中韓では存続期間を出願日から数えるのに対し、米国では登録日から数えます。そのため、米国では、審査に時間がかかっても、それによって存続期間が削られてしまうということはありません。

国ごとの制度の違いに応じて、建築デザインをどのように保護していくのかというのがポイントですね。

Q30 「国際出願制度」の上手な活用法とは？

Q28 で触れたように、意匠の国際出願制度を利用すれば、単一の言語・書式の国際出願のみによって、複数の国にそれぞれ出願されたのと同等の効果を得ることができます。これによって、費用や手間の削減が期待できます。

複数の国で意匠を保護するには、国際出願制度が便利そうですね。

そうですね。それでは、もう少し詳しくみていきましょう。

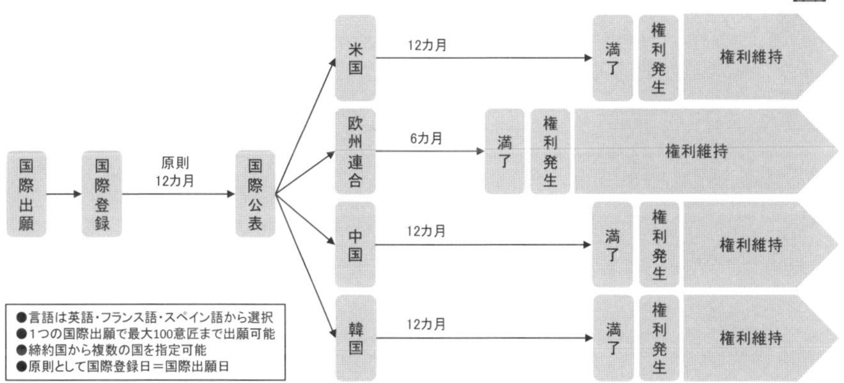

図表30-1 意匠の国際出願制度

意匠を国際出願するときには、世界知的所有権機関（WIPO）の国際事務局に願書を提出します。願書は、英語、フランス語、スペイン語から選択した言語で作成します。日本語では作成できません。

出願は郵送で行うのですか？

郵送も可能ですが、便利なオンラインツールが提供されているので、国際出願のほとんどがオンラインで行われています（[QR]）。

オンラインで出願できるのは便利ですね。

願書では、保護を受けようとするデザインや国（指定国）等を特定します。1つの国際出願に、「ロカルノ分類」※の同一クラスに属する最大100デザインを含めることができ、締約国から複数の指定国を選択できます。

※ロカルノ分類は、ロカルノ協定で定められた意匠の国際分類であり、数字2文字の「類（クラス）」と「小類（サブクラス）」との組み合わせ「類ー小類」によって表現されます。例えば、「家屋，車庫及びその他の建築物」のロカルノ分類は「25-03」です。1つの国際出願に含めることができるデザインは同一の「類」に属する必要がありますが、「小類」まで同一である必要はありません。

どのような基準で指定国を選択すべきでしょうか？

海外で建築デザインの意匠権を取得するのは、チェーン店を海外展開する場合や、海外から建築や設計の発注を受けた場合等様々ですが、主に以下のような点を基準に指定国を選択するのがよいでしょう。

■保護を受けようとする国（指定国）を選択する指標

①保護対象の建築デザインに関する売上規模の大きさ

②有力なライバル企業の多さ

③知的財産制度の成熟度合

④権利取得の容易さ

⑤権利取得や維持に必要な費用

①②の面からは、米国、中国、欧州連合、日本等、建築事業であればシンガポール等も有力な候補となるでしょう。

③について、どの国の制度が成熟しているといえるのでしょうか？

制度が充実しているのは米国，欧州連合，日本等です。建築物の意匠登録自体を認めていない国や制限のある国もあるので注意が必要です。

中国では、国外企業が不利な扱いを受けがちな印象もあります。それでも出願したほうがよいでしょうか？

確かに中国にはそのような不安もありますが、近年制度の整備も進んでいます。無防備で中国に進出する方がリスクといえるでしょう。

④⑤は確かにそうですね。具体的にはどう判断すればよいですか？

Q29 でも触れたように、最終的な審査は指定国ごとに独立しており、米国、日本、韓国のように先行する意匠の調査を行って実質的な審査（実体審査）を行う国もあれば、欧州連合や中国のように書式等の形式的な審査や基本的な審査のみを行う国があります。
前者の方が権利取得のハードルが高く、各国官庁への応答のために現地代理人が必要となるケースも増えるため費用は高くなりがちです。

いろいろ検討する必要がありそうですね。

そうですね。ハーグ制度では国際出願後に指定国を追加することはできないので、国際出願前に慎重に検討すべきです。
国際出願が行われると、WIPOで願書の書式が審査され、不備がなければ国際登録されます。原則、国際出願日が国際登録日となります。

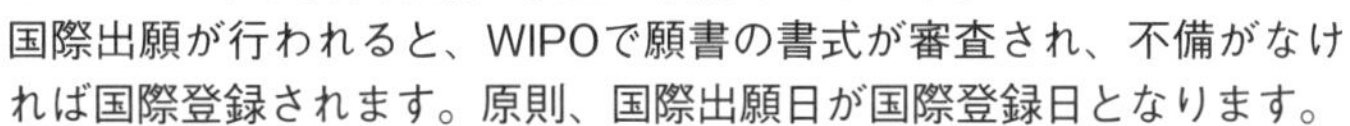

国際登録によって意匠権が発生するのですか？

いいえ、そうではありません。国際登録によって、指定国にそれぞれ出願されたのと同等の効果が得られますが、それだけでは意匠権は発生しません。
国際登録は、原則、それから12カ月後にWIPOが発行する公報により公表されます（国際公表）。ただし、希望すれば、国際登録後にすぐに公表したり、一定要件下で公表時期を調整したりできます。

公表時期を調整すると、どのようなメリットがあるのですか？

公表時期を早めれば、その分、各指定国での審査を前倒しできます。また、早い時点で、他社の意匠権の発生を防止できたり、威圧効果によって模倣を抑制したり、商業的な宣伝効果が得られたりします。
逆に公表時期を遅くすれば、その分だけ国際出願した意匠を長く秘密状態にでき、他社にデザインの動向を察知される時期を遅らせることができます。その分、審査は遅れてしまいますが、デザインの公表時期や建設開始時期が遅い場合にはそのような選択も可能です。

審査の早さと秘密状態の長さはトレードオフの関係にあるんですね。

この点は、国際出願制度のデメリットでもあります。
つまり、日本、韓国、欧州連合等では、国際出願制度を利用せずに直接出願した場合に、審査を先に進めつつ、出願された意匠の公表を遅らせる制度（秘密意匠制度等）を利用することができます（Q29）。この点も踏まえて国際出願制度を利用するか否かを判断すべきです。

国際出願は、いいことばかりではないんですね。

国際公表後、各指定国でそれぞれ審査が行われます。各指定国は、国際公表日から予め定められた期間（6カ月又は12カ月）以内に保護を拒絶することができます。拒絶することなく、期間が経過した指定国については意匠を保護する権利（例えば、意匠権）が発生します。

保護が拒絶された場合にはどうなりますか？

拒絶の通報がWIPO経由で出願人に送られます。出願人は、その指定国の現地代理人（例えば、米国代理人）を選択し、その官庁（例えば、米国特許商標庁（USPTO））に応答を行うことができます。応答先はWIPOではありません。この応答には現地代理人の弁護士費用が必要です。

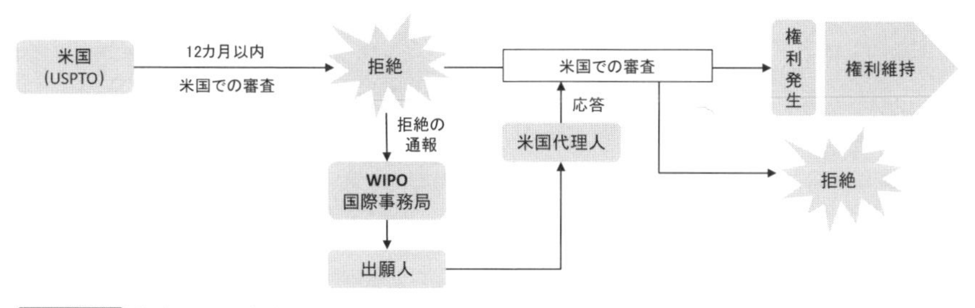

図表30-2 指定国での審査

その結果、拒絶が取下げられれば、その指定国で権利が発生します。そうでなければ、その指定国での保護は受けられないことになります。デザインは既に国際公表されているので、保護されないと、その指定国では模倣し放題ということになってしまいます。この点も国際出願制度のデメリットと言えます。

国際出願制度のデメリットも理解した上で活用すべきですね。

コラム AIによる創作に権利は与えられるのか？

AI（人工知能）の進化は産業の多くに変革をもたらします。建設業界もその例外ではありません。特に生成系AIが、既存の建築設計を学習し、その知識を基に、地形や気候、施主の要望など、多様な要素を考慮に入れた設計提案を自動的に行うことも、遠い未来のことではないでしょう。しかし、AIの活用が進むにつれて新たな問題も浮上してきています。そのひとつが、AIによる創作に意匠権や特許権といった権利が認められるのか、という議論です。

AIが大量の創作を行い、それらが特定の権利者に独占されたのでは、社会全体の活動を委縮させる結果となりかねません。一方で、AIの創作が全く保護されず、誰でも模倣し放題というのでは、AIに対する投資を保護できず、産業の成長を阻害してしまうかもしれません。

そのような中、DABUSという名前のAIを発明者とする国際特許出願が行われ、各国で審査が実施されました。出願人である米国のAI開発者スティーブン・テイラー氏は、自らは発明内容に知識はなく、DABUSが必要な知識を学習して発明を行ったと述べています。

これに対し、米国、欧州、オーストラリア等のほとんどの国・地域において、DABUSは自然人ではないという理由でこの出願を却下・拒絶し、南アフリカのみがこの出願に特許を与えました。ただ、南アフリカでは、出願方式を満たせばとりあえず特許を付与するという制度を採用しているため、AIが発明者になれるかという問題が判断されたわけではありません。そのため、今後南アフリカで、この特許の有効性をめぐる争いが生じる可能性はあるでしょう。

このように、現時点では、AIを創作者や発明者として意匠権や特許権が認められる可能性は極めて低いと言えます。ただ、近年のAI技術の進歩は凄まじく、シンギュラリティも目前との見方もあります。進化したAIの創作をどのように保護するのか、多様な視点から議論を重ね、適切な方向性を見つけていかなければならないでしょう。

(12) INTERNATIONAL APPLICATION PUBLISHED UNDER THE PATENT COOPERATION TREATY (PCT)

(19) World Intellectual Property Organization
International Bureau

(43) International Publication Date
23 April 2020 (23.04.2020)

WIPO | PCT

(10) International Publication Number
WO 2020/079499 A1

(51) International Patent Classification:
B65D 6/02 (2006.01) ***B65D 21/02*** (2006.01)
B65D 8/00 (2006.01) ***B65D 1/02*** (2006.01)
B65D 6/00 (2006.01) ***A61M 16/00*** (2006.01)
B65D 13/02 (2006.01) ***A61M 21/00*** (2006.01)

(71) Applicant: THALER, Stephen L. [US/US]; 1767 Waterfall Dr., St Charles, Missouri 63303 (US).

(72) Inventor: DABUS, The invention was autonomously generated by an artificial intelligence; 1767 Waterfall Dr, St Charles, Missouri 63303 (US).

DABUSを発明者とするPCT国際出願※。発明者の欄にAIの名称「DABUS」とともに、「この発明は人工知能によって自律的に生成されました」と記載されています。

※国際的に統一された1通のPCT国際出願を行うだけで、すべてのPCT加盟国に出願したのと同様に扱われます。

Part 2

実務編

Chapter ❹

実践してみよう！
意匠権の取得プロセス

Q31 誰を主体として出願すべき？

建築デザインの設計は、設計事務所等のメンバーの業務として行われることが多く、一部が外注されることも珍しくありません。また発注方式も多様化し、複数の会社が協働することも増えています。今後、世界各地からオンラインで設計を進めたり、AIを活用したりするケースも増えていくでしょう。こうした建築デザインの意匠権を取得しようとする場合、誰を主体（出願人）として出願すべきなのでしょうか？

意匠権を取得するには特許庁への出願が必要と伺いましたが（Q2）、誰を主体として出願すべきなのでしょうか？

日本で意匠権を取得しようとする場合、通常、以下の①②両方の条件を満たす者を主体（出願人）として出願します。

■意匠権の取得を出願できる者の条件

①「権利能力」を有すること

②「意匠登録を受ける権利」を有すること

①の「権利能力」は、権利を持ったり、義務を負ったりする主体（権利義務の帰属主体）となることができる資格のことです。

どのような人がその資格を持つのですか？

まず、日本国籍を持つ自然人（個人）（未成年を含む）や、わが国の法律で法人格が認められた法人（会社等）です。※

※民法では、自然人について「私権の享有は、出生に始まる」と規定され、法人について「法人は、法令の規定に従い、定款その他の基本約款で定められた目的の範囲内において、権利を有し、義務を負う」と規定されています。

外国の人や会社はどうですか？

日本国内に住所又は居所（法人の場合は営業所）を持つのであれば「権利能力」を持ちます※。
また、日本国内に住所又は居所を持たない場合であっても、特定の条件を満たす場合には「権利能力」が認められます。

※民法には、「外国人は、法令又は条約の規定により禁止される場合を除き、私権を享有する」と規定されています。これを受けて、意匠法では、日本国内に住所等を有しない外国人の権利能力を、平等主義や相互主義をとっている国の国民、及び条約（パリ条約、TRIPS協定、二国間条約等）に別段の定めがあるときに制限しています。

日本に住んでいなかったり、営業所が無かったりする場合には、①の条件を満たさないことが多いのでしょうか？

そうではありません。例えば、Q28 で触れた「パリ条約」では、意匠権の保護等について、加盟国の国民を国籍・住所・営業所で区別してはいけないことが定められています（内国民待遇の原則）。
ほとんどの国は「パリ条約」に加盟しているため、多くの外国の人や会社は日本での意匠の保護について「権利能力」を持つといえるでしょう。

外国の人や会社でも①の条件を満たすことが多いということですね。

次は②の「意匠登録を受ける権利」です。これは以下の者に属します。

■意匠登録を受ける権利が帰属する者

（1）設計者（意匠の創作者）

（2）意匠登録を受ける権利の承継人

（3）契約、勤務規則その他の定めにおいてあらかじめ会社等に職務創作意匠についての意匠登録を受ける権利を取得させることを定めていたときの会社等原則、建築デザインの設計者（意匠の創作者）には、その創作行為とともに「意匠登録を受ける権利」が自動的に発生します（1）。
また、社内チームやECI方式等によって複数人で建築デザインの創作を行った場合、この権利はその創作を行ったメンバーの共有になるというのが原則です（Q16）。
ただし、「意匠登録を受ける権利」は、建築デザインを現実に創作した者のみに発生し、例えば以下のような者には発生しません。

■意匠登録を受ける権利が発生しない者の例

- 部下の設計者に対して一般的な管理をした者（単なる管理者）
- 設計者の指示に従い、単に図面の作成等を担当しただけの者（単なる補助者）
- 資金提供や設備利用の便宜等により、意匠の完成を援助し又は委託しただけの者（単なる後援者・委託者）

元請けが設計の一部を下請けに外注した場合はどうでしょうか？

例えば、元請けと下請けが共に意匠を創作するのであれば、この権利は両者のメンバーの共有になります（Q16）。また、下請けが元請けの指示に従って機械的に図面を作成するだけなのであれば、元請けのメンバーのみにこの権利が発生します。
後の争いを防ぐために、「意匠登録を受ける権利」の取り扱いについて、事前に両者で契約を結んでおくのがよいでしょう。

設計には基本設計、実施設計、施工図の作成という段階がありますが、どこまで進んでいれば、実際に意匠を創作したと言えるのでしょうか？

通常、基本設計のデザインでも「意匠登録を受ける権利」が発生し、その意匠権を取得することができるでしょう。実際に、施工段階に進んだか否かは関係ありません。
ただ、他の設計者が大幅に設計変更を行った場合には、変更後のデザインについて、元の設計者がこの権利を共有できるとは限りません。

最近、建築業界でもAIの導入が進められていますが、AIが建築デザインの設計に関与した場合はどうなるのでしょうか？

現在、意匠法上の創作者となれるのは自然人だけであり、AIには「意匠登録を受ける権利」は発生しません。ただ、近年のAI技術の進歩はすさまじく、今後の重要な課題になっていくことでしょう。

人間だけに「意匠登録を受ける権利」が認められるということですか？

いいえ。発生した「意匠登録を受ける権利」を会社等に譲渡や承継することは可能ですし（2）、また職務創作意匠について、この権利が発生したときから会社等のものにすることも可能です（3）**（Q25）**。これらの場合には、会社等も「意匠登録を受ける権利」を取得することができます。

会社等に譲渡できるんですね。

また、「意匠登録を受ける権利」の一部が他者に譲渡された場合には、この権利が複数人で共有されます。共同で意匠の創作が行われた場合も同様です**（Q16）**。

複数人が「意匠登録を受ける権利」を共有するということですね。
共有者であれば誰でも出願できるということでしょうか？

いいえ、そうではありません。この場合には、以下の③のように、共有者全員が共同で出願しなければなりません。

■共同出願

③「意匠登録を受ける権利」が共有に係るときは、各共有者は、他の共有者と共同でなければ、意匠登録出願を行うことができない。

①②③を満たさない出願は、どのように扱われますか？

審査で拒絶されることになります。ただ、②③は会社等の内部事情に関するものであり、特許庁の審査で発見しづらく、②③の問題があっても、そのまま意匠権が付与されてしまうこともあります。

そのような場合どうなるのでしょうか？

正当な権利者が、そのような意匠登録を無効にするために「意匠登録無効審判」を請求したり、その意匠権の全部又は一部をこの正当な権利者に移転するよう請求したりできます。
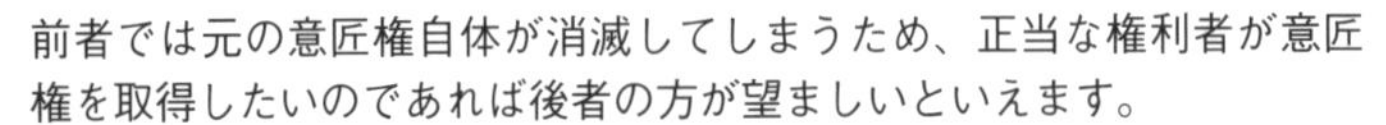
前者では元の意匠権自体が消滅してしまうため、正当な権利者が意匠権を取得したいのであれば後者の方が望ましいといえます。

審査で見逃されても、正当な権利者の救済手段は用意されているということですね。

Q32 出願から登録までの流れは？

建築デザインについて意匠権を取得するためには、まず、必要事項を記載した願書に、保護を受けようとするデザインを記載した図面（または代用の写真）を添付し、特許庁に提出（出願）する必要があります。この内容は特許庁で審査され、そこで拒絶の理由が発見されなければ、登録料を支払うことで意匠登録を行うことができます。

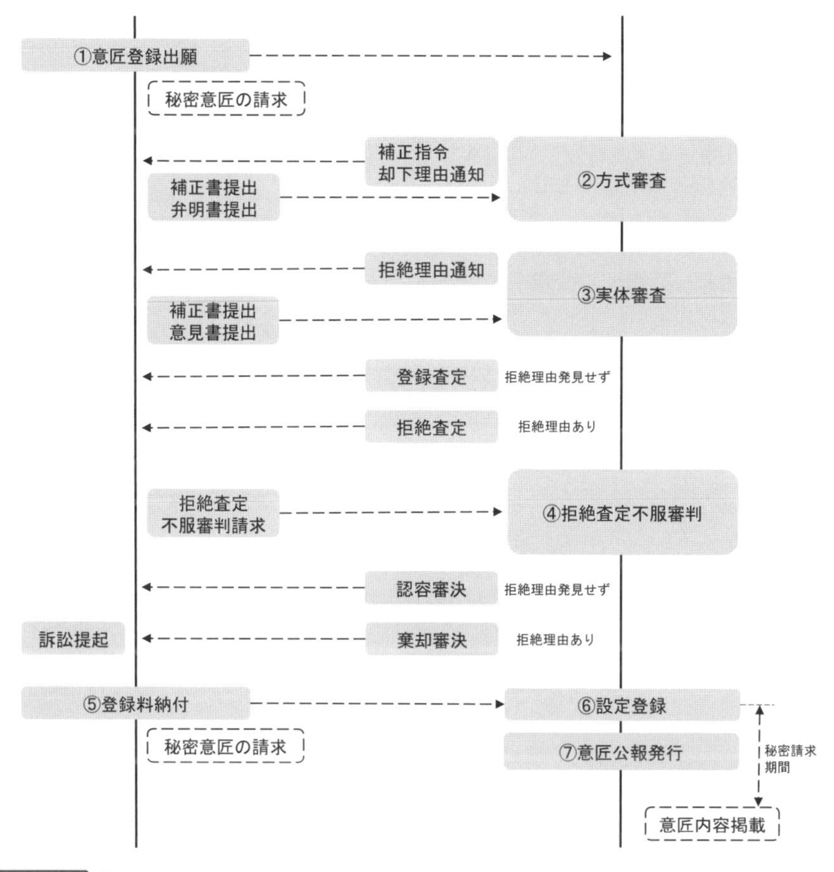

図表32-1 意匠登録出願から意匠権発生までの流れ

建築デザインの意匠権を取得するためには登録が必要でしたね（Q2）。登録までの流れを詳しく教えていただけますか？

まず、出願人は、出願人・創作者の氏名・住所等やデザイン対象である建築物の用途等の必要事項を記載した願書に、保護を受けようとするデザインを記載した図面等を添付し、これを特許庁に出願する必要があります（①）。出願をはじめとする多くの手続きはオンラインで可能です。

出願人本人が手続きを行わなければならないのですか？

原則、出願人本人が行ってよいですし、弁理士や弁護士が代理人として手続きを行っても構いません。
ただし、出願人が未成年・成年被後見人・被保佐人の場合には制限があります。また、出願人が日本国内に住所又は居所（法人の場合は営業所）を有しない者（在外者）である場合には、原則、日本国内に住所又は居所を有する代理人が手続きを行う必要があります。

先ほど、未成年や外国人も出願の主体になれると伺いましたが。

出願の主体になれても、手続きを行うには制約があるということです。出願が行われると、まず特許庁は、このような手続的な要件や、定められた様式で願書等が記載されているか、といった形式的な要件を審査します。これを「方式審査」といいます（②）。

ここで不備が見つかると、どうなるのですか？

修正できるレベルの不備であれば、特許庁から修正（補正）によって不備を解消するよう命じられます（補正指令）。出願人は、これに対して修正内容を記載した手続補正書を提出できます。
一方、修正できないレベルの不備については、出願手続を却下する理由を記した「却下理由通知」が送られてきます。これに対し、出願人は「弁明書」によって反論（弁明）することができます。
不備が解消したと認められないと、出願手続きが却下されます。

この時点では、まだデザイン自体の審査はされていないんですか？

そうですね。この「方式審査」を通過した場合に、特許庁はデザイン自体の審査である「実体審査」を行います（③）。ここでは、出願されたデザインに意匠権を付与することがふさわしいか否かが審査されます。

どのようなことが審査されるのですか？

そのデザインが保護対象のものか、新しいものか、創作的であるか等です。ここで、意匠権を付与することがふさわしくないと判断された場合、その理由（拒絶理由）を示した拒絶理由通知が送られてきます。

意匠登録は認められないということですか？

そうとは限りません。拒絶理由を解消するために、一定要件のもとで出願内容を修正することができますし、意見を述べることもできます。

それによって結論が変わることもある、ということですか？

そうですね。結局、審査において拒絶理由が発見されない状態になれば、意匠登録すべきとの判断（登録査定）がなされ、登録料を納付することで（⑤）、意匠権の設定登録がなされます（⑥）。
一方、拒絶理由ありとの判断が変わらなければ、その出願を拒絶すべきであると決定（拒絶査定）されます。

拒絶すべきとなった場合には、どう対処すればいいのでしょうか？

その審査結果（拒絶査定）の取り消しを求める審判（拒絶査定不服審判）を請求することができます（④）。
審査では１人の審査官が判断を行いますが、審判では3名又は5名の審判官（合議体）が、拒絶査定の理由が正当か否か、さらにその出願について登録査定すべきかを審理します。

まだ反論の機会はあるということですね。

ここで拒絶査定が不当と判断され、他に拒絶理由が発見されない状態となれば、拒絶査定が取り消され、意匠登録すべきと判断されるか、再検討のために審査に差し戻されます（認容審決）。前者の場合、登録料を納付することで（⑤）、意匠権の設定登録がなされます（⑥）。
一方、拒絶理由を解消していないと判断された場合には、出願を拒絶すべき旨の決定（棄却審決）がなされます。棄却審決に対してはさらに訴訟を提起することも可能です。

登録されると意匠権が発生するんでしたよね。

設定登録によって意匠権が発生し（⑥）、その後、原則、意匠権者や意匠の内容等を含む意匠公報が発行されます（⑦）。ただし、ある期間だけ、意匠の内容を秘密にしておくこともできます（秘密意匠制度）。

意匠の内容を秘密にしておくとは、どういう意味ですか？

出願人は、意匠権の設定登録日から3年以内の期間（秘密請求期間）を指定し、その期間、その意匠の内容を公開しないよう請求できます。
この場合、意匠公報には意匠権者等の形式的な事項のみか開示され、意匠の内容（デザイン等）は公開されません。コンペ前に意匠権を取得したいが、その内容は公開したくない場合等に役立つ制度です。

その場合には別の手続きが必要なのでしょうか？

その請求手続き（秘密意匠の請求）を、意匠登録出願（①）と同時、又は第1年分の登録料の納付（⑤）と同時に行う必要があります。
請求後、秘密請求期間の延長や短縮も可能です。これにより、コンペへの参加を取りやめたり、他のコンペに参加することが決まったり等、公開しようとする時期が変更になったときにも対応できます。
なお、秘密意匠では、権利行使時に一定の制約があります（Q18）。

意匠権を取得するまでの流れがよくわかりました。

Q33 出願時に検討すべきことは？

意匠権は建築デザインを保護するための強力な武器となりますが、その取得・維持には費用の負担を伴います。また、出願を行ったとしても審査をパスしない限り権利は発生しませんし、取得した権利が不適切であったことが分かると、無効にされてしまうリスクもあります。

意匠権を取得するメリットは分かりましたが、実際に出願を行うときには、どのようなことに注意すべきでしょうか？

少なくとも、以下のポイントを検討すべきでしょう。

■出願時に検討すべきポイント

① 既に公開していないか、誰かに公開されていないか
② 「意匠登録を受ける権利」は誰のものか
③ 意匠権を取得するメリットとデメリットは何か
④ メリットを最大化するのはどのような権利か
⑤ デメリットを軽減する方法はないか

まず、出願しようとするデザインを既に公開していないか、それに似たデザインが誰かに公開されていないか（①）、という点に注意すべきです。原則、このようなデザインを意匠登録することはできませんから。

自ら設計したデザインであってもですか？

はい。そのような場合でも、出願前に公開されたデザインは意匠登録できない、というのが原則です。ただ、うっかり公開してしまったようなときには「新規性喪失の例外規定」という特別な規定によって救済される場合があります。

救済とはどのようなものでしょうか？

日本の場合、「意匠登録を受ける権利」（Q31）を持つ者の行為に基づいて意匠X'が公開されてから1年以内に、その公開について「新規性喪失の例外規定」の適用申請を行って意匠Xの出願を行った場合、意匠Xの審査において、意匠X'は公開されていなかったものと扱われます。

1年以内

意匠X' は公開されなかったことになる

新規性喪失の例外規定の適用申請

意匠X' と同一でなくてもよい

意匠X' を公開

意匠Xの出願

意匠Y

図表33-1 新規性喪失の例外

スパイ行為等によってX'を入手した他者がX'を公開したような場合も同様です。この場合には1年以内に出願すれば適用申請は不要です。

つまりXの出願日が遡るということですか？

そうではありません。そのため、Xの出願前に、その盗用ではなく、偶然にXに類似する意匠Yが他者によって出願されたり公開されたりしていた場合、たとえ「新規性喪失の例外規定」の適用申請を行ったとしても、Xの出願はYの存在によって拒絶されてしまいます。

また外国出願の場合、国によって法制度が異なるため、必ずしもこのような救済が認められるとは限りません。

原則、出願前にはデザインを秘密にすべき、ということですね。

建築の施工の場面など、どうしても出願予定のデザインを他者に見せる必要がある場合には、秘密保持契約を結んだ相手にだけデザインが知られるよう、注意すべきでしょう。

コンペに出すときも同じですね。

また出願前に、出願しようとするデザインに似ている意匠が既に登録されていないか、公開されていないか、といったことを調査すべきです。これは、自ら実施しようとする意匠が他者の意匠権を侵害してしまわないかという調査も兼ねており、重要なものです。

調査は意匠権を取得するためだけのものではない、ということですね。

「意匠登録を受ける権利」が誰のものか、ということも重要です（②）。
Q31 で触れたように、この権利を持っていない者が出願しても、審査で拒絶されたり、付与された意匠権が無効になったり、正当な権利者に移転されてしまったりします。また、この権利が共有の場合には、共有者が共同で出願しなければならない点も要注意です。
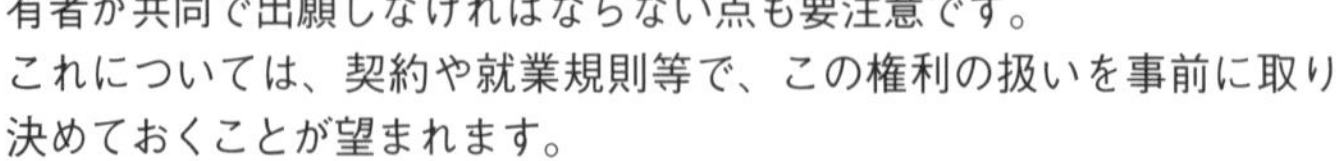
これについては、契約や就業規則等で、この権利の扱いを事前に取り決めておくことが望まれます。

メリット	デメリット
1.デザインの模倣・盗用を防止	A.取得・維持に費用が必要
2.実施料収入	B.意匠登録されたデザインの公開
3.ビジネスの中断リスクの低減	C.権利取得まである程度期間が必要
4.デザイン力の資産化	
5.メンバーのモチベーション向上	

図表33-2 意匠権を取得するメリットとデメリット

また、意匠権を取得するメリットだけではなく、そのデメリットも検討しておくべきでしょう（③）。

気になるのはデメリットAですね。費用はどの程度でしょうか？

弁理士等の代理人に国内での意匠登録手続きを依頼した場合、代理人と特許庁に支払う費用の合計は大体以下のようになります。権利の維持年数が長いほど累積コストも高くなります。

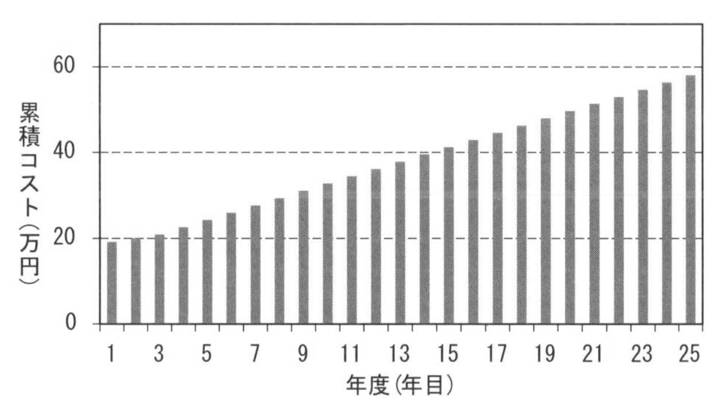

図表33-3 意匠権の取得・維持に必要な累積コストの例
（拒絶理由が通知されずに登録査定されたケース）

これに対してメリットを金銭換算することはできるのでしょうか？

Chapter 4 Q33 出願時に検討すべきことは？

メリットの1は、模倣・盗用による参入を阻止することで、値崩れを防いだり、シェアを確保したり、劣化コピーによってブランドイメージが損なわれることを防止したりするものであり、金銭的な利益をもたらすものといえます（Q6）。メリット2の実施料収入も金銭的な利益です。ただ、通常、これらの利益額を出願前に予測することは困難です。

その他のメリットもそうでしょうか？

メリットの3は、第三者に意匠権を取得され、建築等の中断を余儀なくされる事態を防ぐもの、4は意匠権でデザイン力を見える化して会社の信用力を高めるもの、5は意匠登録によって職務創作意匠（Q25）の創作を行ったメンバーの士気を高めるといったものです。
またメリットの1は、真の創作者としての名誉を守る働きもあります。
いずれも金銭換算しにくいメリットと言えます。

単純な金銭比較は難しそうですね。どう評価すればいいのでしょうか？

各評価指標についてデザイン価値の点数付けを行い、その合計点数に基づいてメリットを評価し、出願の可否等を判断することが多いですね。

評価項目	評価指標	得点
デザイン的価値の評価	デザインの独創性	⑤ 4 3 2 1
	意匠的効果	5 ④ 3 2 1
	自社デザインとの関連度合	5 4 ③ 2 1
権利的価値の評価	独占性	5 4 ③ 2 1
	他者デザインへの牽制度合	5 4 ③ 2 1
経済的価値の評価	市場性（現在）	5 4 ③ 2 1
	市場性（将来）	5 ④ 3 2 1

図表33-4 点数付けの例

また、このようなメリットを最大化するのはどのような権利か（④）ということも検討すべきです。
Q7～Q9 でも触れたように、意匠法では、デザインを適切に保護するための様々な制度が整備されています。例えば、以下のような基準で、どの制度を利用するか検討すべきでしょう。

意匠権のタイプ	保護の特徴
a.全体意匠	基本。実際に建築・使用するデザインについては、その意匠権を他者に取得されないようにするために重要。
b.部分意匠	特徴的な部分を含むデザインコンセプトの保護に最適。
c.内装の意匠	施設内部の複数の建築物・物品・画像の内装全体の統一的なデザイン。相互の位置関係もデザインとして保護。
d.組物の意匠	全体として統一感のある複数の建築物・物品・画像のデザインの組み合わせ。複数の建築物・物品・画像の相互の位置関係はデザインとして保護されない。
e.形態が変化する意匠	動きに特徴のあるデザインの保護に最適。
f.関連意匠	同じコンセプトに基づくデザインのバリエーションの保護に最適。時代に応じて変化するバリエーションを追加的に保護することも可能。

図表33-5 意匠権のタイプと保護の特徴

意匠権のタイプは、一つしか選択できないのでしょうか？

いいえ。これらを組み合わせることも可能です。例えば、全体意匠（a）と部分意匠（b）の両方の意匠権を取得することもできますし、部分意匠（b）の関連意匠（f）を取得することも可能です。
どのような制度を利用すべきかは、費用も含めて専門家と相談するのがよいでしょう。

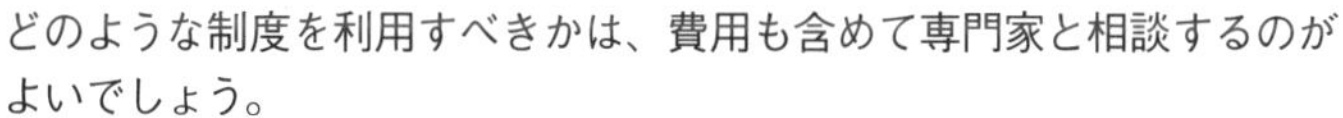

意匠権を取得するメリットは生かしたいですが、費用はできるだけ安く抑えたいというのが本音です。

費用も含め、デメリットを軽減する方法も検討すべきです（⑤）。
費用（A）の一部を賄うために、助成金を利用するというのも一案です。例えば、ジェトロ等が窓口になって特許庁が外国出願費用の助成を行っています。

他のデメリットを軽減する方法はありますか？

意匠の内容を秘密にしておきたい場合には（B）、Q32 で触れた「秘密意匠制度」を利用することができます。これにより、意匠権の設定登録日から最大3年、登録されたデザインを非公開とすることができます。

コンペ等の場面ですね。これは出願前に検討すべきなのでしょうか？

この請求手続き（秘密意匠の請求）は、（ア）出願と同時または（イ）第1年分の登録料の納付と同時に行うことができるため、出願後に検討を行うことも可能です（Q32）。

それほど慌てなくてもよいということですか？

そうとも言えません。利害関係のある他人（利害関係人）も登録料を納付できるため、出願人が（イ）で請求しようと思っていても、先に「利害関係人」が登録料を納付してしまうと、出願人が「秘密意匠の請求」を行う機会を失ってしまいます。
そのため、出願前から検討を行って（ア）で請求を行う方が好ましいですね。秘密にしておく期間は後で変更できますし。

その方が確実そうですね。

またCのデメリットを軽減するために、「早期審査制度」を利用することもできます。これにより、通常は半年以上かかる審査を3カ月以内に短縮できます。
ただし、これを利用できるのは以下の場合に限られ、その申出手続は出願日以降しかできません。

早期審査の対象となる出願	内容
（1）権利化について緊急性を要する実施関連出願	i）第三者が許諾なく、その出願の意匠若しくはその出願の意匠に類似する意匠を実施しているか又は実施の準備を相当程度進めていることが明らかな場合
	ii）その出願の意匠の実施行為（実施準備行為）について、第三者から警告を受けている場合
	iii）その出願の意匠について、第三者から実施許諾を求められている場合
（2）外国関連出願	日本国特許庁以外の特許庁又は政府間機関へも出願している意匠登録出願

図表33-6 早期審査の対象（2023年2月時点）

出願前には検討する必要はない、ということですか？

そうとは限りません。出願前にデザイン情報が盗まれたり、他者からの警告や実施許諾の打診があったり、外国出願の予定があったりするような場合には、出願前から検討しておく方が望ましいですね。
出願日以降に直ちに早期審査を申し出ることで、その分だけ審査を前倒しできますから。

意匠権のメリットを活かして、デメリットを減らすためには、出願前からの準備や検討が重要ということですね。

Q34 意匠調査によって何が分かる？

意匠調査といってもその目的は様々です。今回は意匠調査によって何が分かるのか、どのように調査を行うのかについて見ていきましょう。

どのようなときに意匠調査を行えばよいのでしょうか？

一口に意匠調査と言っても、以下のように様々な目的の調査があり、その目的に応じて調査のタイミングや方法が異なります。
Aの調査は、意匠の設計や実施の前に行うものであり、他者の登録意匠の存在を知って、他者とのトラブルを未然に防ぐためのものです。
この調査手順は以下のようになります。

■意匠調査の目的

A.意匠を実施できるか否かを探るための調査
B.意匠権を取得できるか否かを探るための調査
C.審査結果や警告への対応策を探るための調査
D.他社の状況や動向を探るための調査

ア．検索条件の設定
(1)自らの意匠の日本意匠分類
(2)類似範囲の日本意匠分類
(3)構成部品の日本意匠分類
(4)出願人・権利者・創作者
(5)期間

イ．検索
(1)広めに抽出
(2)関連意匠と参考文献

ウ．結果の検討
(1)類否
(2)利用関係

図表34-1 A＝意匠を実施できるか否かを探るための調査手順

まず母集団を絞り込むために「ア．検索条件の設定」を行います。Aの調査では、自らの意匠の実施が他者の意匠権を侵害するか否か、を問題としているため、過去に登録された意匠が検索対象になります（Q21）。

過去に登録された意匠は「J-PlatPat」で確認できるんでしたね（Q21）。

その通りです。お話したように、通常、この検索には「日本意匠分類」を用います（Q21）。ただ、日本意匠分類と物品等の類似範囲とは必ずしも一致しない、という点に注意が必要です。

		物品等（物品・建築物・画像）		
		同一	類似	非類似
形態(デザイン)	同一	①	③	×
	類似	②	④	×
	非類似	×	×	×

図表34-2 意匠の類否

意匠権の効力は、物品等が同一の範囲①②だけではなく、類似する範囲③④に及びます（Q12）。しかし、自らの意匠と同じ日本意匠分類について検索しただけでは、物品等が類似関係にある登録意匠を検索することはできません※。
そのため、自らの意匠の日本意匠分類（ア(1)）だけでなく、その類似範囲の日本意匠分類（ア(2)）も検索対象に加える必要があります。

※例えば、「住宅（L3-21）」と「旅館（L3-2000）」は、「人がその内部に入り、一定時間を過ごす」という点で用途及び機能に共通性があり、互いに類似関係にあると判断される可能性があります（意匠審査基準）。しかし、「住宅」の日本意匠分類「L3-21」で検索しただけでは、日本意匠分類がL3-2000の「旅館」を検出することはできません。

類似範囲も検索すべきということですね。

また Q12 で触れたように、意匠権の効力は利用関係が成立する場合にも及ぶため、自らの意匠の構成部品の日本意匠分類（ア(3)）も検索対象に加えるのが理想です※。
加えて、競合他社の名称を「出願人」や「権利者」として検索したり、注目している設計者名を「創作者」として検索したりするケースもあります（ア(4)）。

※秘密請求期間中、秘密意匠を「日本意匠分類」で検索することはできませんが、「権利者」で検索することは可能です。この場合、検索結果として表示されるのは意匠権者や登録日等のみであり、意匠の内容は表示されません。

そうなると、調査範囲がかなり広がりそうですね。

そうですね。ただ、Aの調査では、調査範囲を期間で絞り込むことができます。つまり、意匠権は存続期間の満了によって消滅し、その効力は消滅以降の行為には及びません（Q17）。そのため、意匠の実施日に消滅している意匠権をAの検索対象から除外することができます。

どのように絞り込めばよいのでしょうか？

対象の行為の実施日（例えば、建築物の施工日）に応じ、以下のように調査範囲を期間で絞り込むことができます（ア（5））。
登録意匠の出願日に応じて適用される改正法が異なり、存続期間も異なるため（Q17）、少々ややこしいですが。

実施日	調査範囲（Aの場合のみ）
2022年3月31日以前	・実施日の15年前以降に登録された意匠
2022年4月1日以降2027年3月31日以前	・2007年4月1日以降に登録された意匠
2027年4月1日以降2040年3月31日以前	・実施日の20年前以降に登録された意匠
2040年4月1日以降	・2020年3月31日以前に出願され、実施日の20年前以降に登録された意匠 ・2020年4月1日以降に出願され、実施日の25年前以降に出願された意匠

図表34-3 期間による調査範囲の絞り込み

表で実施日ごとに示した調査範囲より前の意匠は、実施日の時点で消滅しています。今後の法改正によって存続期間が変われば、この調査範囲も変わる可能性もあります。

Aの調査では、消滅した意匠権の情報は不要ということでしょうか？

そうとは限りません。後で話すように、過去の登録事例は意匠の類否判断に必要な情報です。これは権利が消滅していても変わりません。そのため、Aの場合でも、期間を絞り込むことなく調査を行う場合があります。

権利が消滅していても必要な情報もあるということですね。

次にアで設定した検索条件で「イ．検索」を行います。検索は**Q21**のように行い、自らの意匠と関連する登録意匠を広めに抽出していきます（イ（1））。特に、ヒットした登録意匠の関連意匠（i）と参考文献（ii）の情報は重要です（イ（2））。

なぜ、関連意匠（i）や参考文献（ii）の情報が重要なのですか？

関連意匠（i）は、特許庁において本意匠に類似すると判断された意匠です（Q8）。一方、参考文献（ii）は、審査等で参照されたにもかかわらず、登録意匠に類似しないと判断された意匠です。これらの結果は類否判断の参考になります（Q12）。

確かに参考になりそうな気がしますね。

次の「ウ．結果の検討」では、**Q12**で話した基準に従って、自らの意匠に類似する登録意匠が存在するのか（ウ（1））、自らの意匠が登録意匠を利用しているか（ウ（2））を判断していきます。

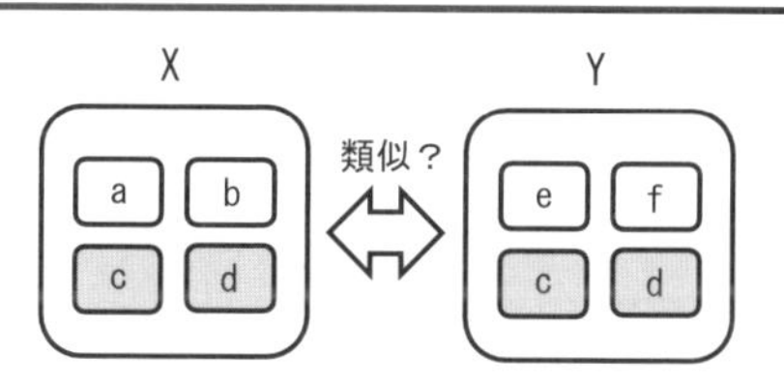

図表34-4 意匠の比較例

ここでは、上のモデルを用いて、自らの意匠Xと登録意匠Yとの類否判断をしてみましょう(ウ(1))。XとYは、特徴c,dを備える点で共通し、特徴a,bと特徴e,fの点で相違しています。

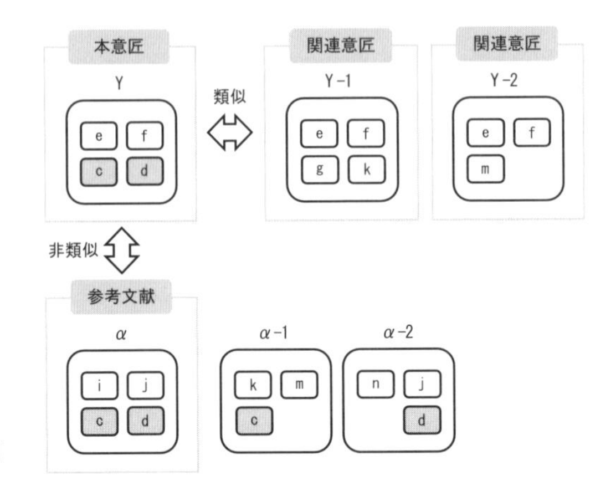

図表34-5 公知意匠の例

イの検索によって、本意匠Yに対して関連意匠Y-1,Y-2が登録されており、Yの参考文献として登録意匠αが存在することが分かったとします。また、登録意匠α-1，α-2も存在することが分かったとします。

これらから何が読み取れるのでしょうか？

Yは、特徴c,dを持たず特徴e,fを持つY-1,Y-2と類似すると判断されています。またYは、特徴c,dを両方持つαと非類似と判断され、c,dをそれぞれ持つα-1，α-2とも非類似と判断されています。

これは、Yの要部※は特徴e,fであり、特徴c,dは類否判断にほとんど影響を与えていないことを意味します。

※「要部」とは、需要者（取引者を含む）の注意を惹く部分、重きを置く部分をいいます。

それはXとYの類否判断にどう影響するのでしょうか？

XはYの要部e,fを持たず、Yと非類似ということになります。

逆にXとYが類似するのは、どのような場合でしょうか？

本意匠Yに対して特徴c,dを持つ関連意匠が登録されていたり、それ以外に特徴c,dを備える意匠が登録されていなかったりする場合です。特徴c,dが注意を引く部分であるかをその他の事情でも検討しますが。

では、実施できるかどうかを探る調査（A）と、取得できるかどうかを探る調査（B）は、どこが違うのでしょうか？

Bの調査は、出願前に審査で指摘されそうな意匠の存在を知って、無駄な出願を減らしたり、設計変更によって登録の可能性を上げたりするために行われます。
この調査では、権利が存続している意匠のみならず、権利が消滅した意匠や意匠登録されずにカタログ等のみで公開された意匠も調査対象とします。

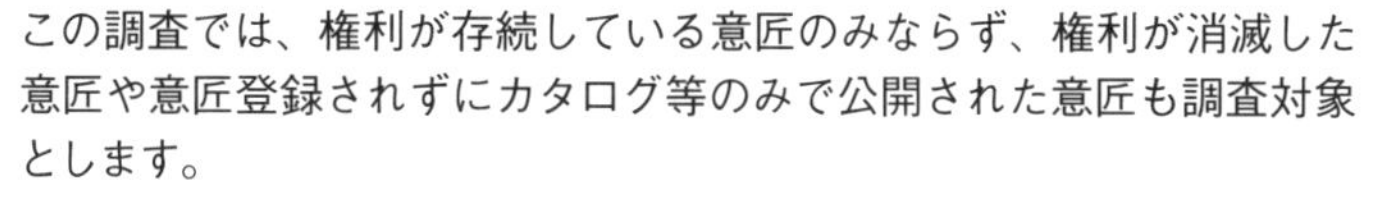

図表34-6 B＝意匠権を取得できるかを探るための調査手順

そのため、Bのアでは、調査範囲を期間で絞り込むことなく検索条件を設定します。またJ-PlatPatでは、意匠登録されずに公開された意匠を検索できないため、検索エンジン等の他の検索手段を用いることもあります（ア（6））。それでもBの調査を漏れなく行うことは困難です。

Bの調査範囲はAよりも広いということですね。

またBの「ウ．結果の検討」ではAのように「利用関係」を検討する必要はないのですが、類否判断（ウ（1））に加え、「創作非容易性」（ウ（3））を検討する必要があります。

それは、どのようなものでしょうか？

意匠法上、公知の意匠やそれに類似する意匠のみならず、公知のデザインから容易に創作できる意匠も登録することはできません。例えば、公知のデザインの単なる寄せ集めや置き換えといった、ありふれた手法によって創作された意匠です。

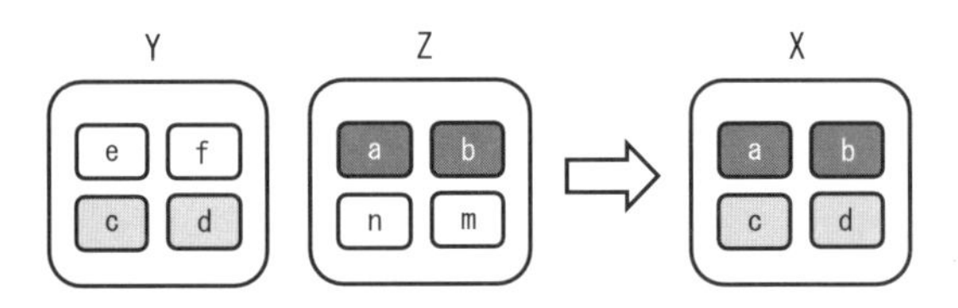

図表34-7 置き換えの例

Bで調査しきれなかった場合にはどうなりますか？

その場合には、特許庁の審査で指摘されることもあります。ただ、審査は難しい判断を伴うので、必ずしも審査結果が正解とも限りません。
このような審査結果への対応策を探るためにCの調査が行われます。
他者から意匠権を侵害していると警告された場合も同様であり、その対応策を探るためにCの調査が行われることがあります。

それでは、審査結果や警告への対応を探る調査（C）とは、どのようなものですか？

指摘や警告を受けた登録意匠についてAやBのウと同様な検討を行い、その内容の適切性や反論ポイントを探ります。その際、検討や反論に必要な情報を集めるためにアやイと同様な調査も行います。

対応が必要になってから調査を行うこともあるんですね。

また、登録意匠の情報は、ビジネスツールとしても利用できます。他社の状況や動向を探る調査（D）は、これを目的とするものです。

登録意匠の情報をどのように利用するのでしょうか？

各社の日本意匠分類ごとの出願件数や推移は各社の各分野への注力度を表しています。このような情報は、例えばM&Aの相手先を探すためのツールとしても利用できます。例えば甲社と乙社が次のような状況にあれば、内装分野において強化し合う関係にあり、他の分野において補完し合う関係にあることが分かります。

日本意匠分類	甲社の意匠登録件数※	乙社の意匠登録件数※
L4-6210：建物用戸及び枠付き戸		
D6-510：収納棚，載置台		
L3-71：事務所又は教育施設の内装		
D7-141：テーブル，机		
D7-22：一人掛けいす		

※この意匠登録件数は架空のものであり、甲社及び乙社は実在するいかなる団体や人物とも関係ございません。

図表34-8 日本意匠分類ごとの意匠登録数の比較例

意匠調査といっても色々あるんですね。

Q35 どんな書類を提出すればいい？

建築デザインの意匠登録出願の際には、そのデザインを表した願書や図面等を特許庁に提出する必要があります。これらは定められたルールに従っていなければならず、不適切な場合には意匠権を取得することができません。※

※ルールは改正されることがあります。最新の情報については特許庁のホームページをご確認ください。

意匠権の取得には特許庁への出願が必要とのことでしたが（Q2）、建築デザインの場合、どのような書類を提出すればよいのでしょうか？

建築物や内装の意匠の場合、以下の「願書」と「図面」が基本書類となります。これらによって、意匠権を取得しようとする意匠を表します。また「図面」に代えて「写真」を提出することも可能です。
さらに、意匠の特徴を記載した「特徴記載書」という書類も提出できます。「特徴記載書」は任意であり、提出義務はありません。

書類名	内容
願書（意匠登録願）	出願人・創作者の氏名や住所、意匠に係る物品、意匠に係る物品の説明、意匠の説明等を記載。
図面	デザインそのもの（形状、模様若しくは色彩又はこれらの結合）を表した線図・CG等の図。
特徴記載書（任意）	出願人の主観で意匠の特徴について記載するもの。審査の参考情報とされる。提出義務無し。

【書類名】　意匠登録願
【整理番号】　ＤＥＳＩＧＮ１
【提出日】　令和○○年○○月○○日
【あて先】　特許庁長官
【意匠に係る物品】　住宅
【意匠の創作をした者】
　【住所又は居所】　東京都千代田区霞が関３－４－３
　【氏名又は名称】　意匠　太郎
【意匠登録出願人】
　【識別番号】　０１２３４５６７８
　【住所又は居所】　東京都千代田区霞が関３－４－３
　【氏名又は名称】　デザイン経営株式会社
　【代表者】　経営　匠
【代理人】
　【識別番号】　８７６５４３２１０
　【住所又は居所】　東京都港区六本木３－２－１
　【弁理士】
　【氏名又は名称】　代理　次郎
　【電話番号】　０３－１２３４－５６７８
【手数料の表示】
　【予納台帳番号】　０１２３４５
　【納付金額】　１６０００
【提出物件の目録】
　【物件名】　図面　１
【意匠に係る物品の説明】
　この住宅は、平日は都会で勤務及び居住し、休日は地方で暮らすといった二地域居住をする人や、別荘での利用を主に想定した平屋建住宅である。
【意匠の説明】
　正面図、背面図、左側面図、右側面図に表された窓はいずれも透明である。右側面図に表された玄関ドアの縦長矩形部は透光性を有する。

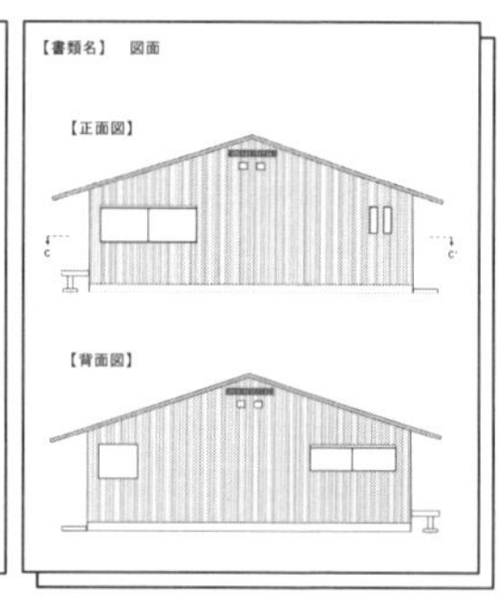

建築・内装デザイナー向け情報（特許庁）
（https://www.jpo.go.jp/system/laws/rule/guideline/design/kenchiku-naiso-joho.html）を加工して作成

図表35-1 意匠登録出願の際に提出する書類

具体的にどのような内容を記載すればよいのでしょうか？

まず「願書」には、意匠の創作・出願の主体を表す事項（①②）、及び意匠の客体を表す事項（③④⑤）等を文字で記載します。

記載事項	内容
①意匠の創作をした者	意匠の創作者の住所又は居所及び氏名又は名称。
②意匠登録出願人	出願人の住所又は居所及び氏名又は名称。
③意匠に係る物品	意匠に係る物品又は意匠に係る建築物若しくは画像の用途。
④意匠に係る物品の説明	物品、建築物又は画像の使用の目的、使用の状態等の補足説明。
⑤意匠の説明	意匠を特定するための補足説明。

※関連意匠（Q8）の場合には、さらに「本意匠の表示」の欄を「願書」に設けて、本意匠を特定する事項を記載します。

図表35-2 願書の主な記載事項※

①②は分かりますが、③の「意匠に係る物品」とは何でしょうか？

Q2,Q7-Q9 で触れたように、意匠登録の対象となるのは、物品、建築物、画像のデザインや、それら複数からなる内装や組物のデザインです。③の欄には、対象の意匠が「何の」デザインなのかを記載します。

つまり「建築物」や「内装」等と記載すればよいのでしょうか？

いいえ。具体的な用途が明確になるように記載する必要があります※。例えば「建築物」であれば、以下のような事項を③の欄に記載します。

※特許庁は「意匠に係る物品」の記載例を掲げた表「意匠に係る物品等の例」を公開しています。また、「日本意匠分類」の「この分類に含まれる物品」の項にも「意匠に係る物品」の登録事例が記載されています。

住宅、校舎、学校、商業用建築物 、体育館、オフィス、ホテル、工場、販売店、レストラン、美容室、百貨店、病院、駅舎、劇場、野球場、美術館、博物館、複合建築物、橋りょう、ガスタンク、鉄塔、電柱、橋りょう、電波塔等

※「部分意匠」の場合にも、「意匠に係る物品」の欄には、部分の名称又は用途（「住宅の階段部分」等）ではなく、全体としての物品又は用途（「住宅」等）を記載します。

図表35-3 意匠※に係る物品の例（建築物）

また、③の欄だけでは建築物の使用目的や使用状態が分からない場合には、④の「意匠に係る物品の説明」の欄でその説明を行います。

例えばどのような場合ですか？

一般的ではないジャンルの建物や、多くの用途を持つ複合的な建物等について、意匠権を取得しようとする場合です。
例えば、③の欄に「複合建築物」と記載した場合、その使用目的や使用状態が明確になるように、④の欄で以下のような説明を行います。

【意匠に係る物品】複合建築物
【意匠に係る物品の説明】この建築物は、低層階を店舗、上層階を宿泊施設として用いるものである。

出典：特許庁ウェブサイト（https://www.jpo.go.jp/system/laws/rule/guideline/design/h23_zumen_guideline.html）

図表35-4 複合建築物の場合の記載例

「内装」の場合も同様であり、「図面」に表した内装空間そのものの用途「〇〇」が分かるように③の欄に「〇〇の内装」や「〇〇用内装」と記載します。③だけでは使用目的や使用状態が分からない場合には、その説明を④の欄で行います。

レストランの内装、カフェの内装、オフィスの執務室の内装、食料品店の内装、ドラッグストアの内装、衣料品店の内装、靴屋の内装、宝飾品店の内装、楽器店の内装、書店の内装、住宅用リビングの内装、住宅用キッチンの内装、住宅用寝室の内装、住宅用バスルームの内装、住宅用トイレの内装、学校用教室の内装、学習塾用自習室の内装、診療室の内装、手術室の内装、病室の内装、空港ターミナルロビーの内装、航空機用客室の内装、地下鉄用プラットフォームの内装、観光列車用内装、バスターミナルロビーの内装、高速バス用内装等

図表35-5 意匠に係る物品の例（内装）

【意匠に係る物品】オフィスの執務室の内装
【意匠に係る物品の説明】この内装はオフィスの執務スペースに加えて、同一空間内にカフェが併設するもので、従業者の休憩や打合せ等に使用される。

出典：特許庁ウェブサイト（https://www.jpo.go.jp/system/laws/rule/guideline/design/h23_zumen_guideline.html）

図表35-6 複合的な用途を持つ内装の場合の記載例

なお、複合的な用途を持つ場合であっても、③の欄に２以上の建築物や内装等を列挙することはできません。

×【意匠に係る物品】オフィスの執務室の内装、カフェの内装

図表35-7 不適切な意匠に係る物品の例

先ほど複数の建築物等による登録もできると伺いましたが……

「組物の意匠」ですね（Q8）。この場合には、定められた「意匠法施行規則別表（別表）」（）から「一組の建築物」又は「一組の〇〇セット」を選択して③の欄に記載します※。

※組物の意匠は「別表」に記載された43の組物の意匠に限られますが、各組物の意匠を構成する物品等については他の要件を満たす限り任意です。

意匠法施行規則別表

一組の建築物、一組の家具セット、一組の土木建築用品セット、一組の基礎製品セット、一組の画像セット等

図表35-8 組物の名称の例

組物が複数のジャンルにまたがる場合には、どう記載すればよいのでしょうか？

「建築物」を含む組物であれば「一組の建築物」と記載し、「建築物」を含まずに「物品〇〇」を主とする組物であれば「一組の〇〇セット」と記載し、「画像」のみを含む組物の場合には「一組の画像セット」と記載します。

	物品	建築物	画像
物品	一組の〇〇セット（主たる物品を優先して選択）	—	—
建築物	一組の建築物（建築物を優先）	一組の建築物	—
画像	一組の〇〇セット（物品を優先して選択）	一組の建築物（建築物を優先）	一組の画像セット

「意匠登録出願の願書及び図面等の記載の手引き」（特許庁）（https://www.jpo.go.jp/system/laws/rule/guideline/design/h23_zumen_guideline.html）を加工して作成

図表35-9 組物を構成する要素と組物の名称の関係

⑤「意匠の説明」にはデザインの説明を記載するのでしょうか？

デザインそのものは線図・CG等で「図面」に記載するのですが、「図面」だけでは意匠を十分に表現できない場合もあります。そのような場合、⑤で補足説明を行って意匠を明確にします。
具体的には、以下のような場合に⑤の欄で説明を行います。

意匠の説明を記載するケース
意匠を認識する上で物品の材質又は大きさの理解を必要とする場合
形状等が変化する場合に、その変化の前後にわたる形状等の意匠登録を受けようとする場合
白色又は黒色のいずれか一色を省略して図を記載した場合
全部又は一部が透明（透けて向こう側が見える）や透光性を有する（光は透過するが向こう側が透けて見えない）場合
図形中に立体表面の形状等を特定するための線、点その他のもの（陰）を記載した場合
記載した図をそれと同一又は対称である図に代えた場合
図を等角投影図法や斜投影図法とする場合
物品等の部分について意匠登録を受けようとする場合
形状等が連続する意匠の連続状態を省略した図とした場合
図の一部を省略した場合

図表35-10 意匠の説明を記載するケース

どのようなケースで⑤の欄を記載することが多いのでしょうか？

建築デザインの場合、「部分意匠」（Q8）の「意匠登録を受けようとする部分」を説明したり、窓等の透明部分を示したり、建物の底面図を省略したことを説明したりするケースが多く見られます。

「図面」は、建築の意匠図と同じでよいのでしょうか？

いいえ。意匠登録出願の際に提出する「図面」には独自のルールがあるため、通常、意匠図をそのまま出願に用いることはできません。一般的には意匠図に基づいて「図面」を作成するか、BIM等のCGを利用して「図面」を作成することになるでしょう

意匠図面のルール

具体的にどのような点が違うのでしょうか？

まず「図面」は、意匠の形状等の特定に必要な図（必要図）と、意匠の理解を助けるための補足的な図（参考図）とに分けられます。「必要図」として提出できるのは主に次のAからHの図です。

使用できる図の種類	内容
A. 正投影図法によって表した図	【正面図】【背面図】【左側面図】【右側面図】【平面図】【底面図】のうち特定に必要な図。【東側立面図】【西側立面図】【南側立面図】【北側立面図】【屋根伏図】等の表示でも可。
B. 等角投影図法によって表した図	【正面、平面及び右側面を表す図】【正面、左側面及び平面を表す図】等の等角投影図。Aの図の全部又は一部に代えて提出できる。
C. 斜投影図法によって表した図（キャビネット図法又はカバリエ図法のみ）	【正面、平面及び右側面を表す図】【正面、左側面及び平面を表す図】等のキャビネット図又はカバリエ図。Aの図の全部又は一部に代えて提出できる。
D. 透視図法によって表した図	一点透視法、二点透視法又は三点透視法によって表した【正面図】【斜視図】等。
E.断面図	切断面だけでなく、切断面を描いた方向に現れる外観も描く図。Aの図だけでは凹凸を正確に表現できないときに追加する。
F.端面図	切断面の形状等のみを描く図。Aの図だけでは凹凸を正確に表現できないときに追加する。切断面のみを描くのでEの図よりも作図が容易。
G. 斜視図（等角投影図、キャビネット図、カバリエ図を除く）	斜め方向から見える形状等を表した図一般。Aの図の全部又は一部に代えることはできないが、凹凸を表したり、意匠の要旨を表現するために追加する。
H. 拡大図・部分拡大図	縦横比を変えないで全体又は部分を拡大した図。小さすぎて形状等を明確に表すことができないときに追加する。

図表35-11 形状等の特定に必要な図（必要図）

正投影図法（A）を用いてデザインを表すのが基本です。同一縮尺の正面図、背面図、左側面図、右側面図、平面図、底面図のうち、「意匠登録を受けようとする意匠」を明確に表すために十分な図を記載します。建築物や内装の場合には、通常、底面図を省略できます。また、東側立面図等の建築の意匠図で用いられる表記も可能です。

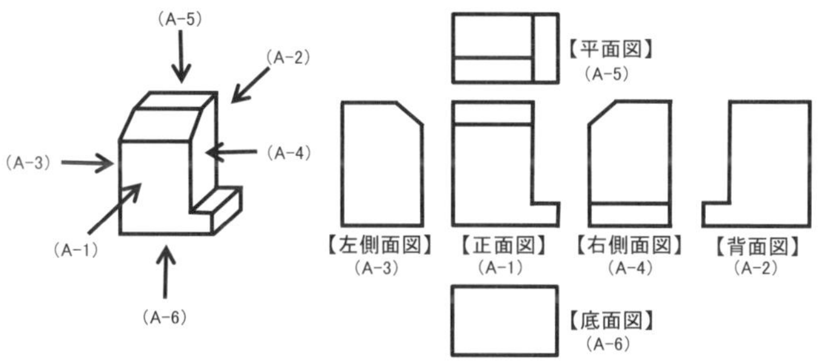

「意匠登録出願の願書及び図面等の記載の手引き」（特許庁）
（https://www.jpo.go.jp/system/laws/rule/guideline/design/h23_zumen_guideline.html）を加工して作成

図35-12 正投影図法による図面表記の例

Aの図の全部又は一部を、等角投影図法（B）や斜投影図法（C）の図に代えることもできます。
ただし、Aの代用とできるCの図はキャビネット図とカバリエ図のみです。この場合、キャビネット図又はカバリエ図の別及び傾角を「願書」の「意匠の説明」欄（⑤）に記載します。

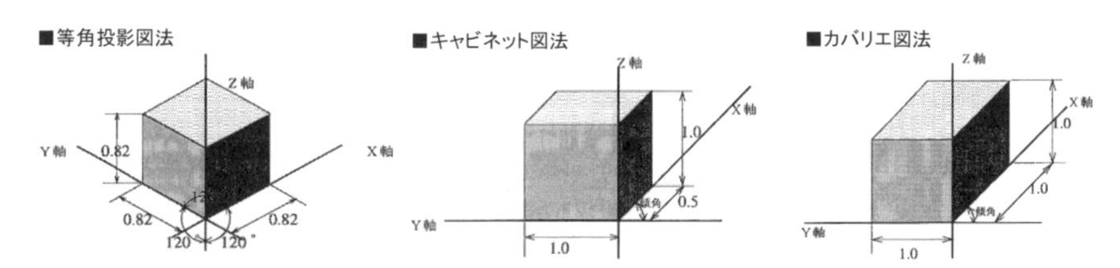

出典：特許庁ウェブサイト（https://www.jpo.go.jp/system/laws/rule/guideline/design/h23_zumen_guideline.html）

図表35-13 等角投影図法 キャビネット図法 カバリエ図法

また、透視図法（パース図法）を用いても構いません。

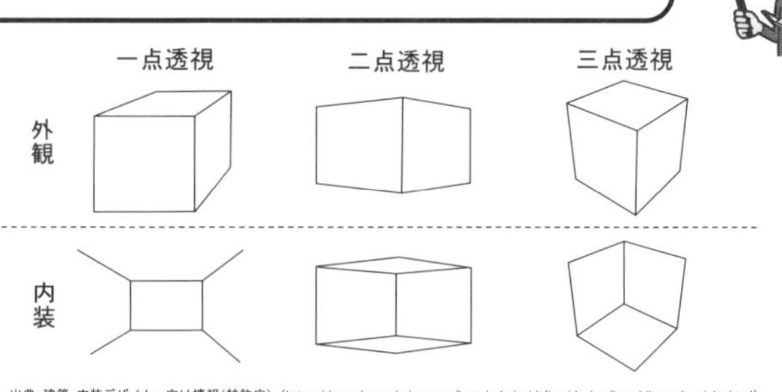

図表35-14 透視図法　出典：建築・内装デザイナー向け情報（特許庁）（https://www.jpo.go.jp/system/laws/rule/guideline/design/kenchiku-naiso-joho.html）

これらは、建築の意匠図でも使用されていますね。

そうですね。ただ「必要図」では、「意匠登録を受けようとする意匠」のみを見えるがまま表すのが基本です。
建築の意匠図に見られる基準線・想像線・隠れ線等の補助線、寸法、方位、平面表示記号等を「必要図」に記載することはできません。

実際に目に見えるデザインのみを記載するということですね。

また、手前の面に隠れて見えない外観や凹凸部分を十分に表現できない場合などには、断面図（E）や端面図（F）を追加します（内部構造省略可）。この目的であれば、B,C以外の斜視図（G）を追加しても構いません。その他、拡大図や部分拡大図（H）によって、全体や部分を拡大して詳細なデザインを表すこともできます。

【正面図】

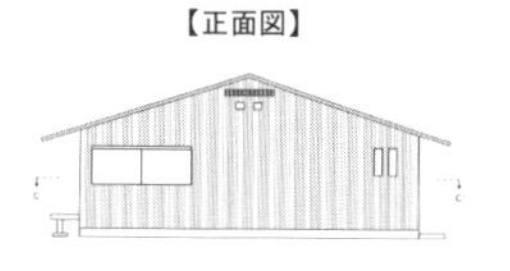

【左側面図】

【平面図】

【背面図】

【右側面図】

【内部構造を省略したC－C’線断面図】

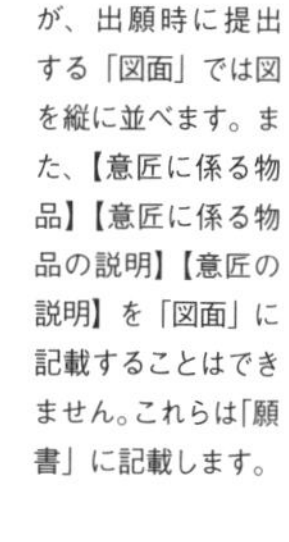
※説明のために図を横に並べていますが、出願時に提出する「図面」では図を縦に並べます。また、【意匠に係る物品】【意匠に係る物品の説明】【意匠の説明】を「図面」に記載することはできません。これらは「願書」に記載します。

【意匠に係る物品】住宅
【意匠に係る物品の説明】この住宅は、二地域居住をする人や、別荘での利用を主に想定した平屋建住宅である。
【意匠の説明】正面図、背面図、左側面図、右側面図に表された窓はいずれも透明である。右側面図に表された玄関ドアの縦長矩形部は透光性を有する。

「意匠登録出願の願書及び図面等の記載の手引き」（特許庁）（https://www.jpo.go.jp/system/laws/rule/guideline/design/h23_zumen_guideline.html）を加工して作成

図表35-15 正投影図法によって外観を表した例※

また「部分意匠」（Q8）の場合には、「意匠登録を受けようとする部分」が全体の中のどこの部分であるかを示す必要があります。
例えば、「意匠登録を受けようとする部分」を実線で描き、「その他の部分」を破線で描くことにより、意匠登録を受けようとする部分を特定し、「願書」の「意匠の説明」（⑤）の欄でその旨を説明します。

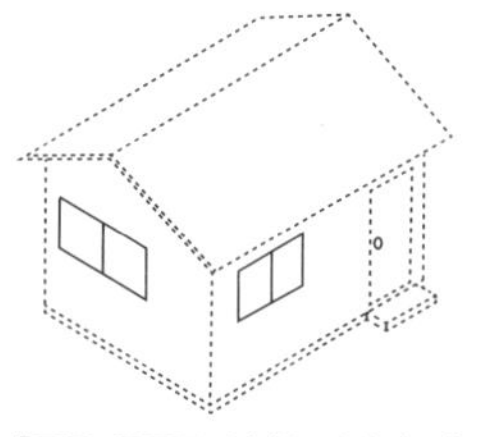
【正面、平面及び左側面を表す図】

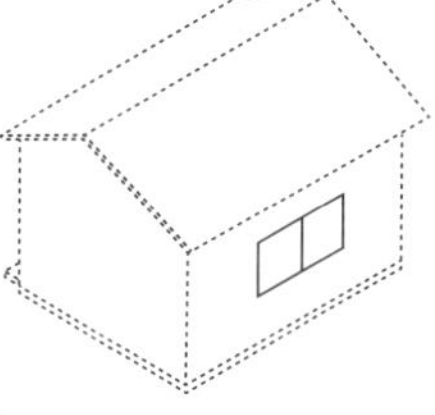
【背面、平面及び右側面を表す図】

【意匠に係る物品】住宅
【意匠に係る物品の説明】
この建築物は、別荘等での使用を目的としたものである。
【意匠の説明】
実線で表した部分が意匠登録を受けようとする部分である。
当該窓部は透明である。

「意匠登録出願の願書及び図面等の記載の手引き」（特許庁）（https://www.jpo.go.jp/system/laws/rule/guideline/design/h23_zumen_guideline.html）を加工して作成

図表35-16 部分意匠の例

建物の内側部分について意匠登録を受ける場合、その部分のデザインの認定に支障が無く、かつ、建物全体に占める位置、大きさ、範囲がありふれたものであると考えるのであれば、外側の開示は不要です。

例えば、階段スペースやリビングのデザインですかね。確かに、建物全体とは関係なく、どこに設置されてもよいデザインもありますね。

また、動きのある建物のデザインについて意匠登録を受けようとする場合、その変化の前後の状態を図で描かなければ、その意匠を十分に表現できないことがあります。
このような場合には、意匠の変化の前後の状態が分かるような「図面」を作成し、「願書」の「意匠の説明」(⑤)の欄でその説明を行います。

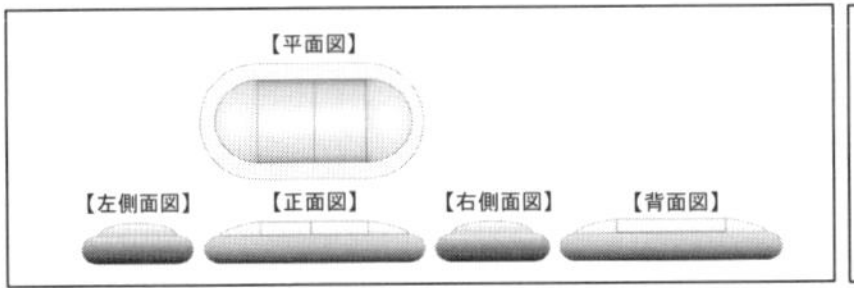

【意匠に係る物品】競技場
【意匠に係る物品の説明】
この建築物は、サッカーなどのスポーツイベントや、コンサートなどの音楽イベント等に用いる競技場であって、天候等に合わせて屋根が開閉する。
【意匠の説明】
競技場の屋根は開閉式であり、基本の5面図は屋根が閉まった状態を表し、開閉途中の5面図は屋根が開閉している状態を表し、全開状態の5面図は屋根がすべて開ききった状態を表している。高さは約60メートル、長さは約350メートル、幅は約180メートルである。

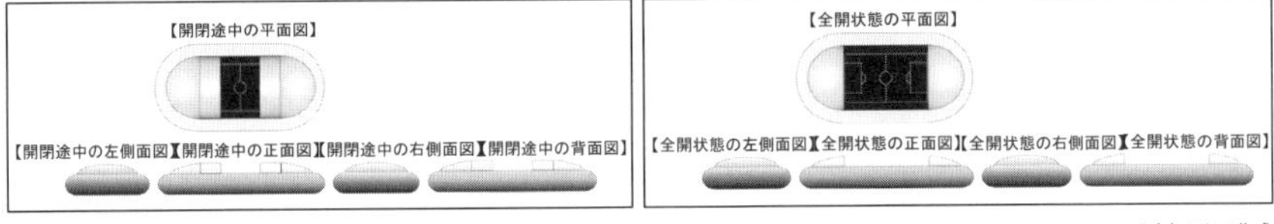

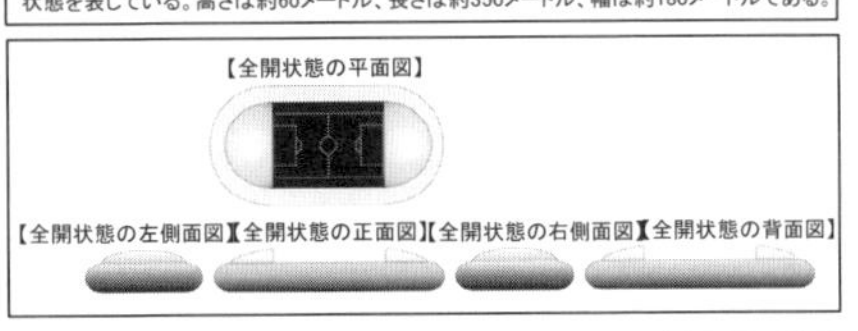

「意匠登録出願の願書及び図面等の記載の手引き」(特許庁)(https://www.jpo.go.jp/system/laws/rule/guideline/design/h23_zumen_guideline.html)を加工して作成

図表35-17 屋根が開閉する例

補足的な「参考図」は、どのようなときに提出するのですか？

「参考図」のみで「意匠登録を受けようとする意匠」を特定することはできないのですが、「参考図」には「意匠登録を受けようとする意匠」以外の線、符号又は文字を記入することができます。
透視図法を使ったり、透明部を示したり、各部の機能・名称等を説明したりするときに、このような線、符号又は文字を使って説明した方が分かりやすい場合もあり、そんなときに「参考図」も提出します。

使用できる図の種類	内容
a.使用状態等を示す参考図	使用状態や施工例等の建築物や内装等の理解を助けるために追加する図。
b.透明部・透光性を有する部分を示す参考図	透明部（透けて向こう側が見える部分）や透光性を有する部分（光は透過するが向こう側が透けて見えない部分）を示すために補足的に追加する図。
c..各部の機能・名称等を示す参考図	各部の具体的構成態様や使用方法等を表すために追加する図。

図表35-18 意匠の理解を助けるために使用できる図（参考図）の一例

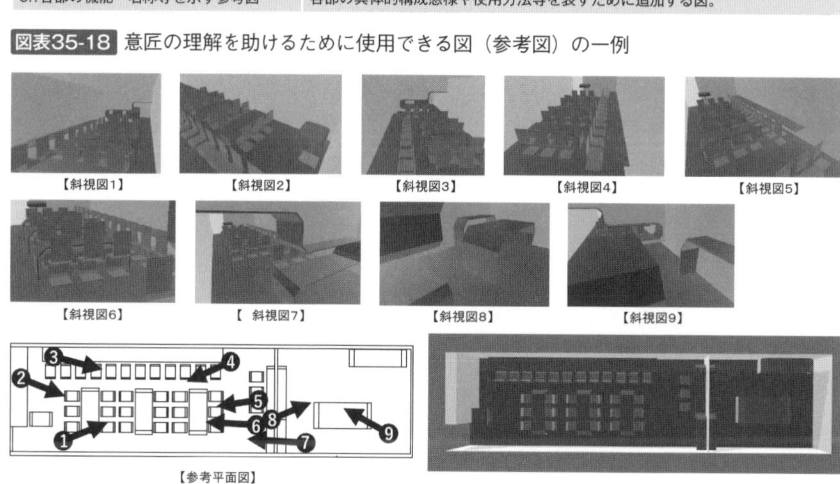

【意匠に係る物品】飲食店の内装
【意匠に係る物品の説明】この飲食店は、飲食スペースと厨房からなり、その境には一部が開口した間仕切りが設けられている。
【意匠の説明】参考平面図において表した各矢印は、始点の数字が斜視図1～9の番号にそれぞれ対応した、視点の位置と向きをあらわしたものである。
平面図に表された緑色は、全体形状を明確にするための背景である。

「意匠登録出願の願書及び図面等の記載の手引き」（特許庁）（https://www.jpo.go.jp/system/laws/rule/guideline/design/h23_zumen_guideline.html）を加工して作成

図表35-19 透視図法で内装を表した例

「参考図」には「必要図」を補足する役割があるということですね。

最後に「特徴記載書」ですが、これは出願人の主観で意匠の特徴を述べるものであり、特許庁での審査や調査の参考とされるものです。
ただ、提出義務はなく、「願書」の「意匠に係る物品の説明」（④）や「意匠の説明」（⑤）で代用可能です。また、主張した特徴が権利行使の妨げになるおそれを懸念する声もあります。
そのため、「特徴記載書」が提出されることは稀です。しかし、審査を迅速に進めたい場合には提出してもよいかもしれません。

通常は「特徴記載書」を提出しなくてもよさそうですね。

Q36 何がどのように審査される？

建築デザインについて意匠登録出願が行われると、まず書類の体裁等の形式的な審査が行われ、それらに問題がなければ意匠自体の審査が開始されます。ここでは意匠自体の何が審査されるのでしょうか。

意匠権を取得するためには、審査をパスする必要があるんでしたね(Q2)。具体的にどのような審査が行われるのでしょうか？

それでは以下を見てください。これは意匠登録を受けるための要件を示したものです。特許庁の審査官はこれらを審査していきます。

意匠登録のための要件	内容
①一意匠一出願	意匠ごとに出願されていること（Q7）。組物や内装の意匠の例外あり。
②内装／組物の意匠の要件	内装や組物の意匠の場合、それぞれの要件を満たしていること（Q7, Q8, Q9）。
③工業上利用できる意匠	意匠法上の「意匠」であること。意匠が具体的であること。工業上利用できること。
④新規性	公知の意匠、頒布された刊行物に記載された意匠、又はインターネット等で公衆に利用可能になった意匠と、同一又は類似の意匠ではないこと。関連意匠の例外あり。
⑤創作非容易性	公知の意匠、頒布された刊行物に記載された意匠、又はインターネット等で公衆に利用可能になった意匠から、容易に創作できた意匠でないこと。関連意匠の例外あり。
⑥先願／同日出願	先又は同日に出願された意匠と同一又は類似の意匠ではないこと。関連意匠の例外あり。
⑦先願意匠の一部と同一又は類似の後願意匠の保護除外	先に出願された意匠の一部と同一又は類似の意匠ではないこと。関連意匠の例外あり。
⑧関連意匠の要件	関連意匠の場合、その要件を満たしていること（Q8）。
⑨不登録事由	公序良俗に反する意匠でないこと。混同を生ずるおそれがある意匠でないこと。機能や用途に不可欠な形状のみからなる意匠でないこと。
⑩意匠登録を受ける権利／共同出願	出願人が「意匠登録を受ける権利」を有すること。「意匠登録を受ける権利」が共有されている場合には、共有者が共同で出願を行うこと(Q31)。
⑪外国人の権利享有／条約	外国人が意匠権を取得するための条件を満たすこと。条約に違反していないこと。

図表36-1 意匠登録を受けるための要件

まず審査官は、「願書」「図面」等（Q35）の内容を把握し、出願された意匠を認定します。これは調査を必要とする④～⑧の審査の前提となるものです。この際、①②③といった「願書」「図面」等のみから判断できる要件もあわせて審査します。

①はどのように審査されるのですか。

Q7 や Q35 でも触れたように、原則、1つの出願に複数の意匠を含めることはできません。例えば、以下のような出願が行われた場合、①の要件を満たしていないと判断されます。

(B1) 二以上の建築物や内装の用途が願書の「意匠に係る物品」の欄に並列して記載されていた場合

建築物
×【意匠に係る物品】住宅、工場
×【意匠に係る物品】ホテル及び病院

内装
×【意匠に係る物品】オフィスの執務室の内装、学校用教室の内装
×【意匠に係る物品】ホテル客室の内装、兼、病室の内装

(B2) 図面等に二以上の建築物や内装が表されていた場合

建築物 × 住宅 煙突

内装 × 美術館の内装 オフィスの内装

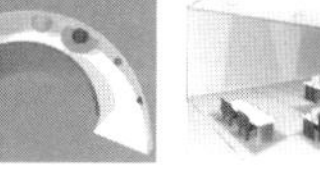

建築・内装デザイナー向け情報(特許庁)(https://www.jpo.go.jp/system/laws/rule/guideline/design/kenchiku-naiso-joho.html)を加工して作成

図表36-2 意匠ごとに出願されているとは認められないケース(建築物・内装)

複数の建物や内装をまとめて出願するとNGということですか？

原則はそうですが、例外もあります。例えば、以下のような建築物は1つの意匠と判断されます。

・社会通念上、全ての構成物が一の特定の用途及び機能を果たすために必須な場合

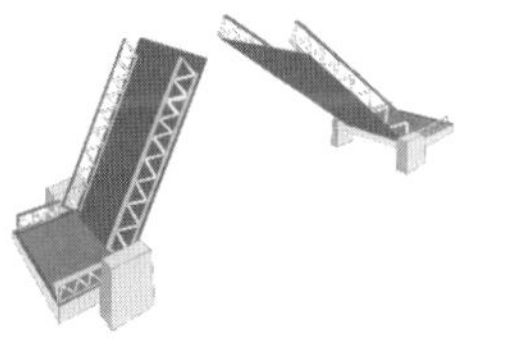

○ 例:中央で分離している可動橋

・一体的に創作がなされている場合
・社会通念上一体的に実施され得る場合

○ 例:学校の校舎と体育館

建築・内装デザイナー向け情報(特許庁)(https://www.jpo.go.jp/system/laws/rule/guideline/design/kenchiku-naiso-joho.html)を加工して作成

図表36-3 複数の構成物による建築物であっても意匠ごとに出願されていると認められる場合

これらは、物理的に離れた構成物からできているいっても、実質的には全体で1つのデザインと言えますからね。

機械的に判断しているわけではないんですね。

内装の意匠も同様で、原則、壁等で分断されていない1つの空間が1つ意匠と判断されるのですが、空間を仕切る壁が透明であるなど、視覚的に1つの空間と認識できる場合には、その空間全体が1つの意匠と判断されます（Q9）。

実際に1つのデザインと言えるかどうかが分かれ目ですね。

また、そもそも内装の意匠は、複数のテーブルや椅子等から構成されるにもかかわらず、例外的に1つの意匠と認められるものです（Q9）。
しかし、形式的に内装の意匠として出願されたとしても、それが内装の意匠の要件（Q9）を満たしていなければ、内装の意匠とは認められません。これは組物の意匠も同様です（Q8）。
そのため、内装や組物の意匠が出願された場合には、その要件も審査されます（②）。

内装の意匠の要件	組物の意匠の要件
・店舗、事務所その他の施設の内部であること ・複数の意匠法上の物品、建築物又は画像により構成されるものであること ・内装全体として統一的な美感を起こさせるものであること	・経済産業省令で定める組物の意匠に該当すること ・同時に使用される二以上の物品、建築物、画像であること ・組物全体として統一があること

図表36-4 内装や組物の意匠の要件

③の工業上利用できるとは、実際に施工されたということですか？

いいえ。実際に施工されたことまでは要求されず、同一のものを複数建築等できる可能性があれば足ります。現実の施工を前提とした設計であれば「工業上利用できる」との要件はクリアするでしょう。
審査で問題になる可能性があるのは、③の「意匠法上の『意匠』であること」「意匠が具体的であること」の要件かもしれません。

どのようなデザインが「意匠」に該当するのでしょうか？

Q2 で話したように、意匠法上の「意匠」は以下のように定義されます。

物品	＋	形状、模様、色彩 又は これらの結合	＋	視覚を通じて 美観を起こさせる
建築物	＋			
画像	＋	機器の操作の用に供される 又は 機器が機能を発揮した結果 として表示される	＋	

図表36-5 意匠の定義

カテゴリ	定義
物品	有体物のうち、市場で流通する動産
建築物	土地の定着物かつ人工構造物（土木構造物を含む）
画像	物品及び建築物から離れた画像自体

図表36-6 物品・建築物・画像の定義

この定義に当てはまらないと、「意匠法上の『意匠』ではない」と判断されてしまいます。例えば、以下のデザインは「意匠」に該当しません。

建築物	× 庭園灯、仮設テント、船舶等（土地の定着物ではない） × 自然の山、自然の樹木、スキーゲレンデ等（人工構造物ではない）
内装	× 天井裏や床下、壁裏、パイプスペース等（視覚を通じて美感を起こさせるものではない） × 動物、植物、蒸気等を含む内装（物品、建築物、画像以外で構成されている）

図表36-7 意匠に該当しない建築物・内装の例

何のデザインでもよいわけではないんですね。

また「願書」「図面」等の内容が不適切であると（Q35）、「意匠が具体的ではない」と判断されてしまいます。例えば、以下のようなケースです。

建築物や内装の意匠が具体的でない場合の例
建築物や内装の具体的な用途及び機能が明らかでない場合
部分意匠ある場合に、その部分の用途 及び機能が明らかでない場合
建築物の意匠か内装の意匠か不明な場合
意匠の具体的な形状等が明らかでない 場合
複数の構成物からなる建築物の場合に、それらの位置関係が不明な場合

図表36-8 建築物や内装の意匠が具体的でない場合の例

デザインやその用途・機能がよく分からない、という感じですね。

審査官は、意匠を認定すると、審査④〜⑧のための調査を行います。

先ほど伺った「J-PlatPat」（Q21,Q34）での調査ということですか？

審査ではさらに広範囲の調査が行われます。「J-PlatPat」では、意匠登録された意匠や、後でお話する「協議不成立」を理由に⑥で拒絶された意匠といった一部の意匠しか調査できません。
審査ではこれらに加え、さらに国内外の図書、雑誌、カタログ、ウェブページ等も調査されます。また、意匠権だけではなく、特許権や実用新案権（Q3）に関する文献も調査対象です。

その調査で、出願したデザインと同じデザインが見つかると、審査④でNGになるのでしょうか？

調査時点ではなく、原則、出願時（時、分、秒まで判断）を基準に判断されます。
つまり、④でNGとなるのは、出願時より前に、出願された意匠と同一又は類似（Q12）する意匠が、公知であったり、刊行物に記載されていたり、インターネット等で誰でも利用可能になっていた場合です。

同一は分かりますけど、類似の判断って難しかったですよね。具体的にどのようなものが類似と判断されるのでしょうか？

Q12で説明したように、(a)が同一、(b)(c)(d)が類似に該当します。

		物品等（物品・建築物・画像）		
		同一	類似	非類似
形態(デザイン)	同一	(a)	(c)	×
	類似	(b)	(d)	×
	非類似	×	×	×

図表36-9 意匠の類否

まず物品等の類否ですが、「願書」の「意匠に係る物品」の欄に記載された内容と、調査で見つかった建築デザイン等との間で、用途及び機能に共通性があれば、両者の物品等は類似すると判断されます。
例えば、「住宅」「病院」「レストラン」「オフィス」等やそれらの内装は、人がその内部に入り、一定時間を過ごすという点で、用途及び機能に共通性があり、通常、これらは互いに類似すると判断されます。

建築物	住宅と病院、レストランとオフィス、鉄道橋と道路橋等
内装	レストランの内装とオフィスの執務室の内装、ホテルの客室の内装と住宅用リビングの内装等

図表36-10 類似する建築物や内装の例

建築物　ガスタンクとホテル、橋りょうと灯台等

図表36-11 類似しない建築物の例

このあたりは、大まかに判断するんですね。

次に形態（デザイン）の類否ですが、Q12 でもお話したように、この判断は少し難しいですね。
審査官は、出願された意匠のデザインと、調査で見つかったデザインとを比較し、「共通点」「相違点」「注意を引くか引かないか」等を総合的に見て類否判断を行います。

建築物

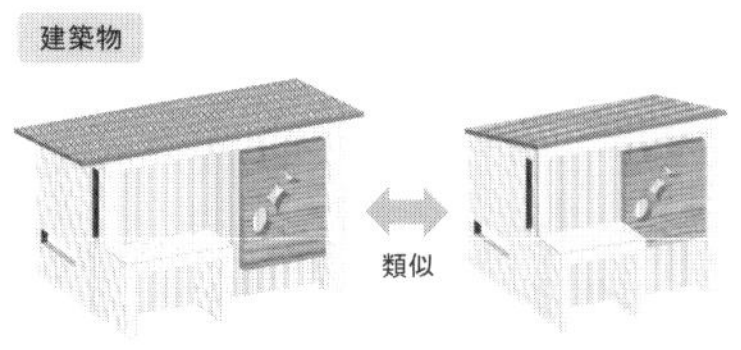

公知意匠：住宅　　出願意匠：住宅

内装

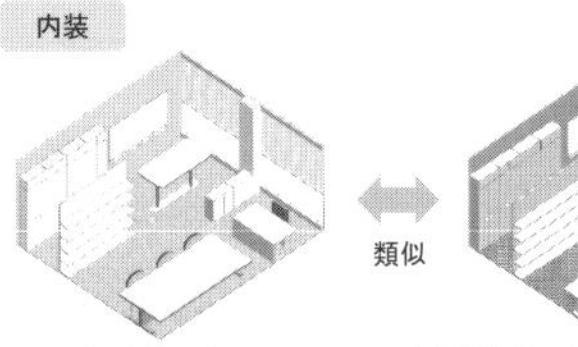

公知意匠：オフィス　　出願意匠：オフィスの執務室の内装

建築・内装デザイナー向け情報（特許庁）（https://www.jpo.go.jp/system/laws/rule/guideline/design/kenchiku-naiso-joho.html）を加工して作成

図表36-12 形態（デザイン）が類似する例

特に難しいのはこの判断ですね。

また、④で公知のデザイン等と非類似と判断されても、その分野の通常の知識を持つ者が、その公知のデザイン等から容易に創作できる程度と判断されると、⑤で拒絶されてしまいます。

容易な創作の例	内容
置き換え	意匠の構成要素の一部を他の意匠等に置き換えること。
寄せ集め	複数の既存の意匠等を組み合わせて、一の意匠を構成すること。
一部の構成の単なる削除	意匠の創作の一単位として認められる部分を、単純に削除すること。
配置の変更	意匠の構成要素の配置を、単に変更すること。
構成比率の変更	意匠の特徴を保ったまま、大きさを拡大・縮小したり、縦横比などの比率を変更すること。
連続する単位の数の増減	繰り返し表される意匠の創作の一単位を、増減させること。
物品等の枠を超えた構成の利用・転用	既存の様々なものをモチーフとし、ほとんどそのままの形状等で種々の建築物に利用・転用すること。

図表36-13 容易な創作の例

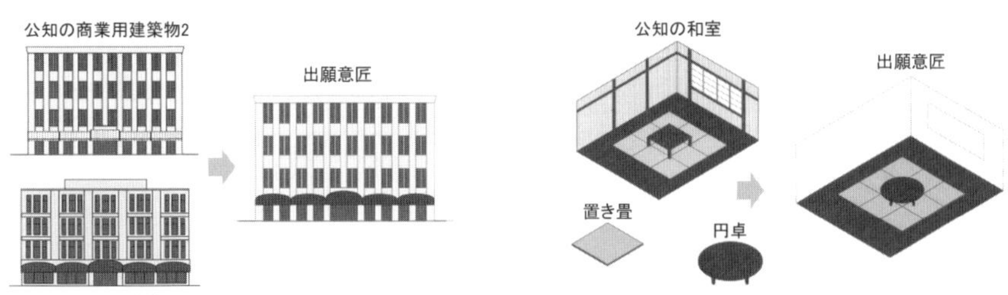

建築・内装デザイナー向け情報（特許庁）（https://www.jpo.go.jp/system/laws/rule/guideline/design/kenchiku-naiso-joho.html）を加工して作成

図表36-14 置き換えの例

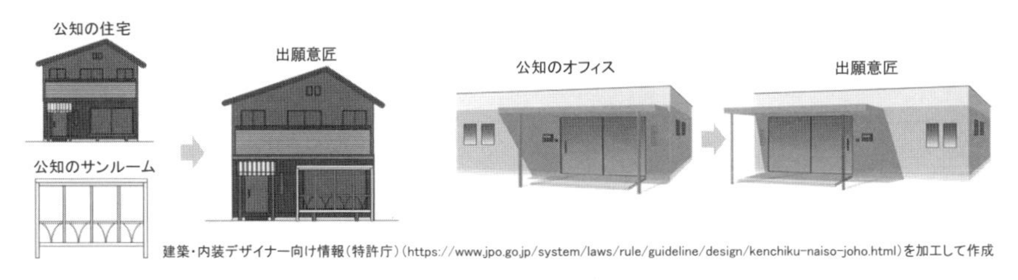

建築・内装デザイナー向け情報（特許庁）（https://www.jpo.go.jp/system/laws/rule/guideline/design/kenchiku-naiso-joho.html）を加工して作成

図表36-15 寄せ集め

図表36-16 配置の変更の例

簡単に創作できるデザインもNGなんですね。

次の⑥は、出願した意匠Bがそれよりも先に出願されていた意匠Aと同一又は類似ではないか、という審査です。先に同一又は類似する意匠が出願されていると⑥で拒絶となります。

A出願　B出願　B拒絶
AとBが
同一又は類似

図表36-17 先願

早いもの勝ちということですね。

そうですね。注意が必要なのは、時、分、秒まで判断される④とは違い、⑥では日のみを基準に判断されます。そのため、意匠AとBが同日に出願されていた場合には、それだけで勝ち負けは決まりません。

引き分けということですね……両者に登録が認められるのですか？

いいえ。重複する意匠権が発生するとトラブルのもとになるので、両者で協議を行って、何れか一方のみが⑥の審査を通過し、他方が拒絶されることになります。

話しがまとまらなかったら、どうなりますか？

その場合（協議不成立）、両者とも⑥で拒絶されます。この場合、両者ともこのデザインを独占できませんが、使用することは可能です。

他者に独占されるよりは良いという感じですかね。

⑦は、意匠Aが出願された後に、この意匠Aの一部と同一又は類似の意匠Bが出願され、その後、意匠Aが意匠公報で公開された場合、後に出願された意匠Bが拒絶される、というものです。

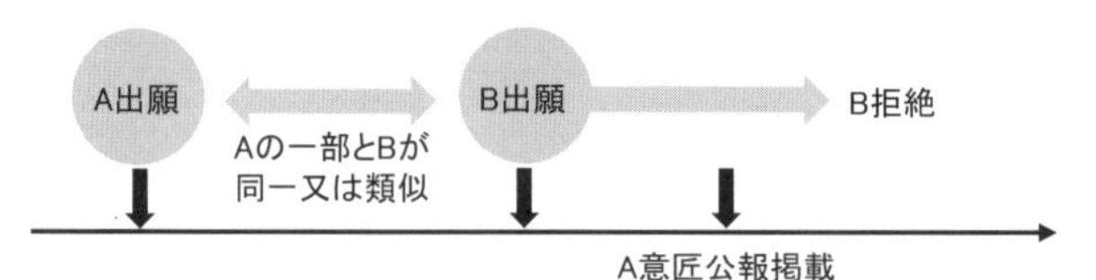

図表36-18 先願意匠の一部と同一又は類似の後願意匠

同じ日に出願された場合は先ほどのように協議ですか？

いいえ。⑦では同日であっても協議の必要はなく、AとBの関係では⑦を満たしたことになります。⑥と違って一部の重複のみですからね。

また、Q8 でお話したように、複数の建築デザインのバリエーションを保護する関連意匠制度を利用することで、自己の本意匠に類似する意匠を関連意匠として保護できます（⑧）。
⑧では関連意匠が自身の本意匠に類似しないと拒絶されますが、これは先の意匠と類似すると拒絶される④〜⑦と相反するものです。

関連意匠が満たさなければならない要件
・本意匠と同一の意匠登録出願人による意匠登録出願であること ・本意匠に類似する意匠に係る意匠登録出願であること ・基礎意匠の意匠登録出願の日（優先日）以後、10年を経過する日前に出願された意匠登録出願であること
本意匠が満たさなければならない要件
・本意匠の意匠権が消滅していないこと ・本意匠の意匠権に専用実施権が設定されていないこと

図表36-19 関連意匠の要件

そのため、関連意匠の場合には、原則、出願人自身の意匠との関係では④〜⑦は適用されません。

関連意匠は例外的に扱われる、ということですね。

⑨は、いわゆる公益的に登録すべきではない意匠を排除するものです。

意匠登録されると誰もが困るデザインということですね。

その他、出願の主体となれる条件を満たしているか（Q31）、その他条約の定めに反していないかといったことが、⑩⑪で審査されます。

意匠登録のために、こんなに多くの項目が審査されているんですね。

Q37 拒絶理由通知にはどう対処すべき？

特許庁による審査（Q36）で意匠登録のための要件を満たさないと判断されると、その理由を記した「拒絶理由通知書」という書類が発送されます。このような場合、どのように対処したらよいのでしょうか。

特許庁での審査で問題が見つかると、どうなるのでしょうか？

先ほど意匠登録を受けるための要件についてお話しましたが（Q36）、審査によって何れかの要件を満たさないと判断されると、その内容（拒絶理由）を示した「拒絶理由通知書」という書類が送られてきます。

整理番号 ABCDEF　　発送番号 012345
発送日 令和○○年○○月○○日 (1)　　頁：1/2

拒絶理由通知書

意匠登録出願の番号　特願○○○○－○○○○○○○
特許庁審査官　○○ ○○
起案日　令和○○年○○月○○日
意匠登録出願人代理人　△△ △△

この意匠登録出願については、以下のとおり、登録要件を満たさない理由がありますので、意匠法第19条で準用する特許法第50条の規定に基づき、通知します。
この理由について意見があれば、この通知書を発送した日から40日以内 (2) に意見書を提出することができます。
なお、意見書の提出があったときには、その内容を考慮した上で、登録の可否について審査いたします。

(3)

理由

この意匠登録出願の意匠は、下記に示すように、意匠法第3条第1項柱書に規定する工業上利用することができる意匠に該当しません。

記

この意匠登録出願の意匠は、「平面図」と「斜視図」とにおいて、意匠登録を受けようとする部分である実線部分が相互に一致しないことから、一の意匠を特定することができません。
なお、手続補正書を提出される場合、その内容が出願当初の願書又は願書に添付した図面等の要旨を変更するものであるときは、その補正は却下されますのでご注意ください。

この通知書・指令書の内容についてお問合せ先
審査第□部□□・□□□□ ○○ ○○(○○○○ ○○○)
TEL. 03－3581－1101 内線○○○○ (4)

図表37-1 拒絶理由通知書の例

登録が認められない、ということですか？

いいえ、そう決まったわけではありません。この通知に対しては、その発送日（1）から40日以内（2）に意見書等を提出することができ、これによって「拒絶理由」が解消すれば登録を受けることができます。
まずは、「拒絶理由通知書」の（3）の欄に書かれた内容をよく読んで、その内容にふさわしい対応を行うことです。※「拒絶理由通知書」の内容や対応について審査官に問い合わせることもできます（4）。

※拒絶理由通知に対する応答期間は、原則、その発送日から40日以内ですが、請求によって応答期間を延長することができます。延長される期間は2カ月です。

どのように解消すればよいのでしょうか？

【書類名】　意見書
【整理番号】　ABCDEF
【提出日】　令和○○年○○月○○日
【あて先】　特許庁審査官　殿
【事件の表示】
　【出願番号】　意願○○○○－○○○○○○
【意匠登録出願人】
　【識別番号】　○○○○○○○○○○○
　【氏名又は名称】　○○○○○○○○○
【代理人】
　【識別番号】　○○○○○○○○○
　【弁理士】
　【氏名又は名称】　○○　○○
【発送番号】　012345
【意見の内容】
　審査官は、「平面図」と「斜視図」とにおいて、意匠登録を受けようとする部分である実線部分が相互に一致しないことから、一の意匠を特定することができないと指摘されました。
　出願人は、手続補正書によって「平面図」を修正し、左側面壁を実線とするとともに･･･追加修正いたしました。
　この補正は、要旨を変更するものはなく、適法な補正です。
　この補正によって、ご指摘の拒絶理由は解消したものと思料いたします。

図表37-2 意見書の例

【書類名】　手続補正書
【整理番号】　ABCDEF
【提出日】　令和○○年○○月○○日
【あて先】　特許庁長官　殿
【事件の表示】
　【出願番号】　意願○○○○－○○○○○○
【補正をする者】
　【識別番号】　○○○○○○○○○○○
　【氏名又は名称】　○○○○○○○○○
【代理人】
　【識別番号】　○○○○○○○○○
　【弁理士】
　【氏名又は名称】　○○　○○
【発送番号】　012345
【手続補正1】
　【補正対象書類名】　図面
　【補正対象項目名】　平面図
　【補正方法】　変更
【補正の内容】
　【平面図】

図表37-3 手続補正書の例

通常は、「意見書」で拒絶理由が適切ではないことを主張したり、「手続補正書」で願書や図面等を補正（修正）し、それによって拒絶理由が解消したことを「意見書」で述べたりしていきます。

デザインを修正できるのであれば、何とかなりそうですね。

ところが、願書や図面等の補正には制限があり、「意匠の要旨」※を変更するような補正は認められません。
つまり、Q35 でお話したように、出願時に提出した願書には【意匠に係る物品】【意匠に係る物品の説明】【意匠の説明】等が記載され、図面等にはデザインを表す図が記載されています。
これらから当然に導き出せる範囲を超えた補正（①）や、出願当初不明であったデザインを明確にする補正（②）は、認められません。

※「意匠の要旨」とは、その意匠の属する分野における通常の知識に基づいて、願書の記載及び願書に添付した図面等から直接的に導き出される具体的な意匠をいいます。

要旨を変更する補正の類型
①願書の記載及び願書に添付した図面等からその意匠の属する分野における通常の知識に基づいて当然に導き出すことができる同一の範囲を超えて変更する補正
②出願当初不明であった意匠の要旨を明確なものとする補正

図表37-4 要旨を変更する補正の類型

補正が認められないと、どうなるのですか？

その場合は補正が却下され、補正前の内容で拒絶理由を解消しているかどうかが審査されます。「意見書」で主張した内容が補正を前提としたものであった場合、通常、拒絶理由は解消しません。

なかなか厳しいですね。

そのため、補正を前提にするのであれば、正式に「補正書」を提出する前に、「拒絶理由通知書」に記載された問い合わせ先（4）に連絡し、認められる補正かどうか、を審査官に確認するのがおすすめです。

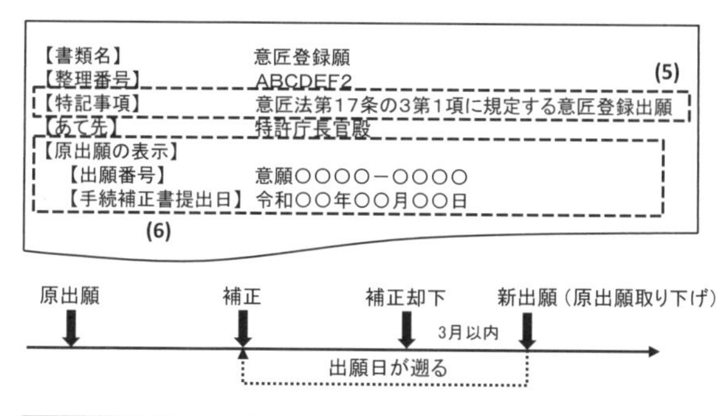

図表37-5 補正却下後の意匠についての新出願

また、補正が却下されてしまった場合、それから3月以内にその出願（原出願）に基づく新たな出願（新出願）を行うこともできます※。この場合、「願書」に【特記事項】の欄を設けて「新出願」であることを示し(5)、【原出願の表示】の欄を設けて「原出願」を特定します。

※補正の却下の決定に不服がある場合には、その決定の適否について審理を求める「補正却下決定不服審判」の請求も可能です。ただし、補正却下後の意匠について「新出願」を行った場合、この請求は認められません。その他、一定要件下、別の補正を再度行うことも可能です。

どのようなメリットがあるのでしょうか？

これによって「原出願」は取り下げられ、代わりに「新出願」が「原出願」の補正時点でされたとみなされ、「新出願」の審査が開始されます。

仕切り直しといったところですね……

それでも、「新出願」は「原出願」を行った時点にまでは遡らないので、認められる範囲で「原出願」を補正するか、補正を行うことなく「意見書」で拒絶理由には当たらないことを主張するのが基本です。

それでは、具体的にどのような対応を行うべきなのでしょうか？

主な拒絶理由について、どのような対応を行うのか見ていきましょう。まず、出願した意匠の「新規性」が否定された場合です（Q36）。つまり、出願されたデザインが出願時点で知られていたデザイン等と同一又は類似である、と指摘された場合ですね。

新規性が否定された場合の対応（意匠法第3条第1項第1号から第3号）
(i) 出願したデザインと審査官が示したデザインとが同一でも類似でもないことを意見書で主張する
(ii)「新規性喪失の例外規定」の適用を意見書で主張する（Q33）

図表37-6 新規性が否定された場合の対応

この場合、審査官は、その根拠として既に知られたデザイン等を示してきます。これに対し、出願したデザインと審査官が示したデザインとが同一でも類似でもないことを「意見書」で主張することになります。

類似かどうかって、水掛け論になりそうですね。

そうですね。そのため、この主張は Q12 で話した客観的な基準に基づいて行わなければなりません。
例えば、下の例では、出願されたデザインaと審査官が示したデザインbとで、
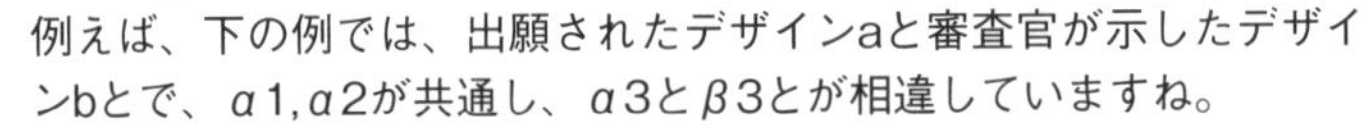
α1,α2が共通し、α3とβ3とが相違していますね。

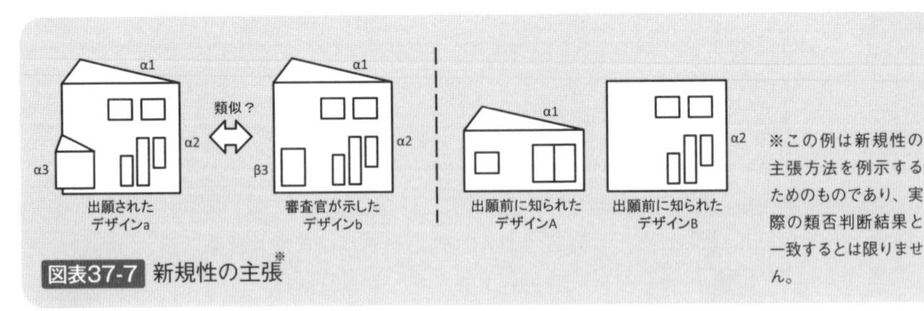

図表37-7 新規性の主張※

共通部分はありますが、完全に同一ではないですね。

このような場合、相違するα3は注意を惹きやすい部分・デザインであって類否判断に与える影響が大きく、共通するα1,α2は注意を惹きにくい部分・デザインであって類否判断に与える影響が小さいため、全体として見れば両者は非類似である、と主張するのが基本です。
根拠として、α3が注意を惹きやすい理由や、α1やα2を持つデザインA，Bが出願前に知られていた事実等も示していきます。

客観的に説明するわけですね。

その他、審査官が示したデザインbについて、Q33 で触れた「新規性喪失の例外規定」を適用できるのであれば、それによって新規性を主張することも可能です。

そういえば、例外もあるんでしたね。

次は、出願した意匠の「創作非容易性」が否定された場合です（Q36）。
つまり、出願されたデザインは既に知られていたデザイン等から容易に創作できた、と指摘された場合ですね。

創作容易であると指摘された場合の対応（意匠法第3条第2項）
(i) 出願したデザインは審査官が示したデザインから容易に創作できないことを意見書で主張する
(ii)「新規性喪失の例外規定」の適用を意見書で主張する（Q33）

図表37-8 創作容易であると指摘された場合の対応

この場合、審査官は既に知られているデザイン等をいくつか示してきます。これに対し、出願したデザインは審査官が示したデザインから容易に創作できないと「意見書」で主張していきます。

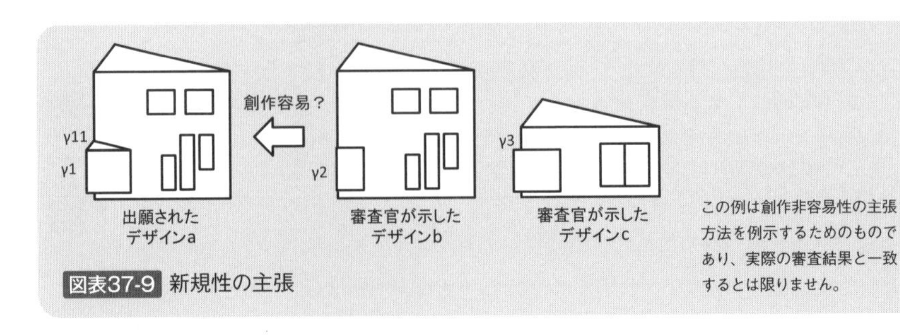

図表37-9 新規性の主張

例えば、出願されたデザインaはデザインb,cから容易に創作できる、と指摘されたとしましょう。
aとbにはγ1とγ2の違いはあるものの、γ3を持つcが開示されているので、bのγ2をγ3に置き換えて軽微な改変を加えれば容易にaを創作できる、と指摘されたような場合です。

でもγ１とγ３は同じではないですね。

そうですね。aは、ｂのγ２をcのγ３に単純に置き換えたものではありません。この置き換えに際し、多くの選択肢の中から、「屋根と相似形状のγ１１」を選択してγ１に追加・改変しています。
これにより、意匠全体として新しい調和・美しさを生み出していると言えそうです。このような点から、aはb,cから容易に創作できたものではない、と主張できるでしょう。

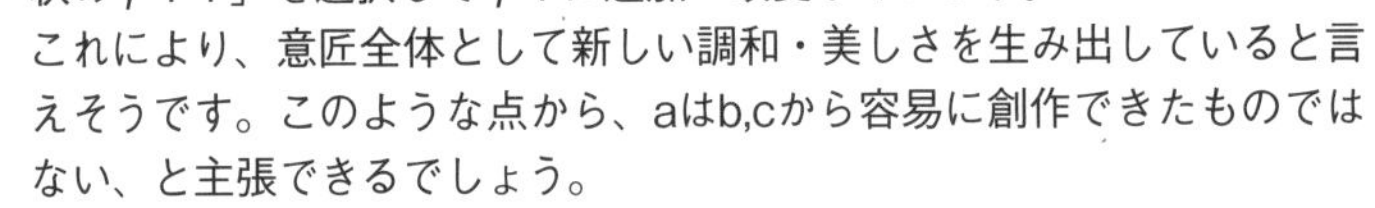

新たなデザインが創作されたということですね。

その他、審査官が示したデザインbまたはcに「新規性喪失の例外規定」を適用できれば（Q33）、このデザインは創作性を否定するための根拠として使えなくなります。このような点を主張することもできます。

次は、先又は同日に出願された他の意匠と同一又は類似である、と指摘された場合の対応です（Q36）。この場合の対応は以下のようになります。

先又は同日に出願された意匠と同一又は類似の意匠であると指摘された場合の対応（意匠法第9条第1項から第5項）
(i)出願したデザインと審査官が示したデザインとが同一でも類似でもないことを意見書で主張する。
(ii)審査官から協議を命じられた場合には協議結果を提出する（同日出願）。
(iii)先又は同日の出願が自分の出願である場合、一方を本意匠とし、他方を関連意匠に補正する。

図表37-10 先又は同日に出願された意匠の一部と同一又は類似の意匠であると指摘された場合の対応

(i) は「新規性」の場合と同様の対応です。(ii) は同日に出願された意匠を示された場合の対応、(iii) は出願人自身が別に出願していた意匠を示された場合の対応になります。

(ii) の協議は Q36 で伺ったものですね。

そうですね。同日に出願された同一又は類似する意匠が存在すると判断されると、両者で協議を行って１つの意匠を選択することを命じる「指令書」が送られてきます。これは「拒絶理由通知書」とともに送られることもあれば、それよりも前や後に送られることもあります。
応答期限は、「指令書」の発送日から40日です（7）。

指令書

意匠登録出願の番号　意願○○○○－○○○○○○○
起案日　令和○○年○○月○○日
特許庁長官　4015
意匠登録出願人代理人　○○○○○○様

この意匠登録出願の意匠は、同一の出願人が同日に出願された下記の出願の意匠と同一又は類似のものと認められ、意匠法第9条第2項前段の規定に該当しますので、意匠法第9条第4項(････)の規定に基づき、この指令書を送付します。また、これとともに意匠法第9条第2項後段の規定に基づく拒絶理由通知書も送付します。

この指令に応答するには、出願している複数の意匠のうち、一の出願の意匠を定め、この指令書の発送の日から40日以内にその結果を届け出てください。この場合、ともに送付した意匠法第9条第2項後段の規定に基づく拒絶理由通知書に対する意見書を提出する必要はありません。 (7)

なお、この届出が提出されず、意匠法第9条第5項(････)の規定により、協議が成立しなかったものとみなされた場合には、上記の拒絶理由により、いずれの出願も拒絶査定となりますので、ご注意ください。

図表37-11 協議指令書の例

【書類名】　協議の結果届
【提出日】　令和○○年○○月○○日
【あて先】　特許庁審査官　殿
【事件の表示】
　【出願番号】　意願○○○○－○○○○○○○
【意匠登録出願人】
　【識別番号】　○○○○○○○○○○○
　【住所又は居所】　○○○○○○○○○○○
　【氏名又は名称】　○○○○○○○○○
【代理人】
　【識別番号】　○○○○○○○○○
　【弁理士】
　【氏名又は名称】　○○　○○
【協議命令の日付】　令和○○年○○月○○日
【協議の相手】
　【住所又は居所】　出願人と同一
　【氏名又は名称】　出願人と同一
　【出願番号】　意願△△△△－△△△△△△
【協議の結果】
　協議対象の意匠登録出願「意願△△△△－△△△△△」を、本願を本意匠とする関連意匠の意匠登録出願とします。

図表37-12 協議の結果届の例

Chapter 4 Q37 拒絶理由通知にはどう対処すべき？

一方の意匠を選択すればいいんですね。

それに加え、選択しなかった出願を取り下げる手続きも必要です。
また、審査官に示された出願が出願人自身のものであった場合には、一方を選択するのではなく、(iii) 一方を本意匠とし、他方を関連意匠に補正し、両方の登録を受けることもできます（Q8）。適法な関連意匠であれば、本意匠に類似していることで登録が認められますからね。

なるほど。そのような方法もあるんですね。

次は、工業上利用できる意匠ではない、と指摘された場合の対応です（Q36）。これは、意匠法の「意匠」に該当しない場合、意匠が具体的ではない場合、工業上利用することができない場合に指摘されます。建築デザインでは、特に、意匠が具体的ではないという理由で指摘されるケースが見受けられます。

それは、どのようなケースでしょうか？

【平面図】

【左側面図】 【正面図】 【右側面図】 【背面図】

【底面図】

「意匠登録出願の願書及び図面等の記載の手引き」（特許庁）
（https://www.jpo.go.jp/system/laws/rule/guideline/design/h23_zumen_guideline.html）
を加工して作成

図表37-13 6面図のみの例

例えば、上の６面図はどのような形状を表していると思いますか？

１つはサイコロ形状でしょうか。正面に四角形の枠が描かれています。

それも1つですが、以下のように、その他の形状も考えられますね。

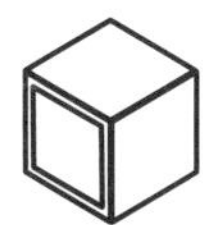
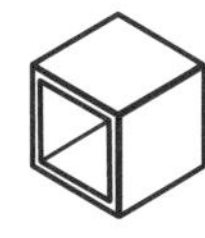
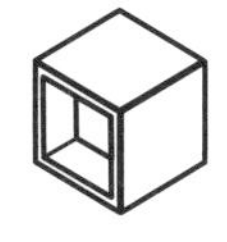

「意匠登録出願の願書及び図面等の記載の手引き」（特許庁）
（https://www.jpo.go.jp/system/laws/rule/guideline/design/h23_zumen_guideline.html）
を加工して作成

図表37-14 想定できる形状の例

私もそう思いました。窪みの有無や奥行は分からないですね。

そのため、上の６面図だけで表された意匠は具体的ではありません。意匠を具体的に特定するためには、さらに斜視図や断面図等も必要となりますね。このような場合の対応は以下です。

工業上利用できる意匠ではないと指摘された場合の対応（意匠法第3条第1項柱書）
(i) 要旨変更とならない範囲で補正を行い、デザインを具体的に表現する。
(ii) デザインが具体的であること等を意見書で主張する。

図表37-15 工業上利用できる意匠でないと指摘された場合の対応

多くの場合、電話で審査官に問い合わせ、(i) 要旨変更とならない範囲で願書の記載や図面を補正して問題を解決することになるでしょう。場合によっては、補正を行うことなく (ii) デザインが具体的であることを意見書で主張して拒絶理由を解消できる場合もあるかもしれません。ただ、その場合でも審査官に確認した方がよいと思います。

審査官も相談に応じてくれるんですね。

最後に、意匠ごとに出願されていない、と指摘された場合の対応を見ていきましょう（Q36）。例えば、願書の【意匠に係る物品】の欄に2以上の建築物や内装の用途が並列に記載されていたり、図面に関連性の無い2以上の構成物が記載されていたりした場合ですね。

意匠ごとに出願されていないと指摘された場合の対応（意匠法第7条）
(i) 意匠ごとに出願されたものとなるように補正や分割出願を行う。
(ii) 意匠ごとに出願されていることを意見書で主張する。

図表37-16 意匠ごとに出願されていないと指摘された場合の対応

これに対しては、(i) 意匠ごとに出願されたものとなるように、1つの意匠を残して他を削除する補正を行ったり、削除した意匠を「分割出願」したりすることが一般的です。

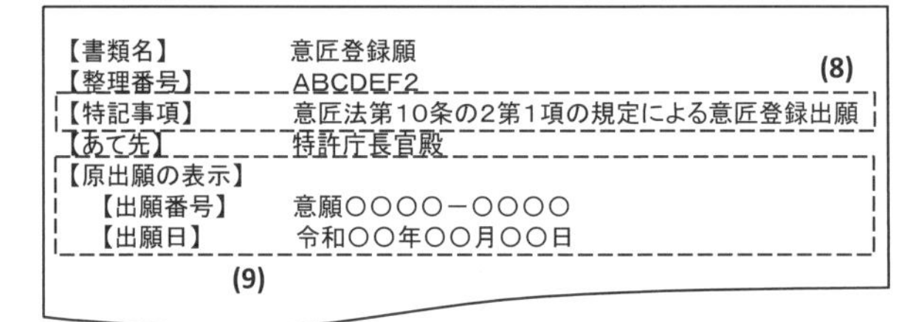

【書類名】 意匠登録願
【整理番号】 ABCDEF2
【特記事項】 意匠法第10条の2第1項の規定による意匠登録出願
【あて先】 特許庁長官殿
【原出願の表示】
　【出願番号】 意願〇〇〇〇－〇〇〇〇
　【出願日】 令和〇〇年〇〇月〇〇日

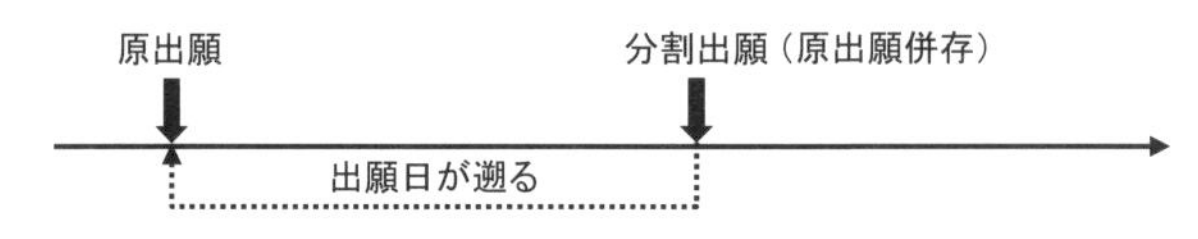

図表37-17 分割出願

「分割出願」では、「願書」に【特記事項】の欄を設けて「分割出願」であることを示し (8)、【原出願の表示】の欄を設けてもとの「原出願」を特定します (9)。これによって「分割出願」は「原出願」の際にされたものとみなされ、「原出願」「分割出願」ともに審査されます。

複数の出願に分割される、ということですね。

Q38 審査結果に納得できないときはどうしたらいい？

Q37 で触れたように、出願人には拒絶理由通知に対して意見書等を提出する機会が与えられ、これによって適正な審査が行われるよう配慮されています。それでも、審査は難しい判断を伴うため、審査での判断結果が適切とは言えない場合もあります。このようなことから、審査での判断や権利の有効性を見直す「審判」という制度が設けられています。

審査で拒絶されると、もう意匠権を取得できないのでしょうか？

そうとは限りません。審査は難しい判断を伴いますし、判断が常に正しいとも限りません。
特に審査は、「意匠審査基準」という固定的な基準に基づいて行われます。これは、ばらつきのない審査を行うためですが、その副作用として柔軟な判断を妨げてしまったり、判断に最新の判例が反映されなかったりといったこともあります。

審査結果は絶対ではない、ということですね。

そうですね。逆に審査で意匠登録すべきと判断された場合であっても、審査官が発見できなかった公知の建築デザインが後で見つかり、本来は意匠登録すべきではなかった、というケースもあります。
また審査結果のみならず、審査過程で行われた補正の却下の決定（Q37）が適切ではない場合もあります。

そのような場合、どうしたらよいのでしょうか？

このような場合、審査での判断を見直したり、権利の有効性を見直したりする「審判」という制度を利用することができます。
審判では、3名または5名の「審判官」が裁判に似た厳正な手続きに従って審理を行います。審判官は、審査官として一定のキャリア（通常10数年）を積んだベテランであり、そのような審判官が複数人で判断を行うことで、公平かつ適切な審理を実現しています。

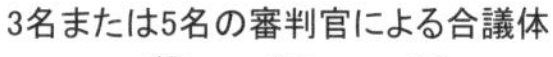

図表38-1 審判

特許庁の判断を見直す機会がある、ということですね。

意匠法では、①出願人が拒絶査定（Q32）に不服があるときに請求する「拒絶査定不服審判」、②出願人が補正の却下（Q37）に不服があるときに請求する「補正却下決定不服審判」、③他者が意匠登録の無効を求める「意匠登録無効審判」が設けられています。※

※その他、特許庁が中立・公平な立場で、登録意匠及びこれに類似する意匠の範囲について判断する「判定」という制度もあります。これは行政サービスの一種であり、法的拘束力はありませんが、侵害事件等の根拠資料として使用できます。

審判の種別	内容	請求人	審理方式（原則）
①拒絶査定不服審判	拒絶査定を受けた者が、拒絶査定の取り消しと、意匠登録すべきとの審決を求める審判	出願人	書面審理
②補正却下決定不服審判	補正の却下の決定を受けた者が、その決定の取り消しを求める審判	出願人	書面審理
③意匠登録無効審判	意匠登録が無効事由に該当するときに、その意匠登録の無効を求める審判	他者（何人も可能、ただし、権利帰属について例外あり）	口頭審理

図表38-2 意匠の審判

それぞれ、どのように請求したらよいのでしょうか？

それでは、まず①について見てみましょう。審査官は、提出された意見書等を考慮しても拒絶理由（Q37）が解消していないと判断すると、「拒絶査定」を行い、その写し（謄本）を送達します。
ここには、拒絶すべきであるといった結論（a）の他、拒絶理由が解消されていない理由（c）も具体的に記載されています。

拒絶査定

意匠登録出願の番号　特願○○○○－○○○○○○○
特許庁審査官　○○ ○○
起案日　令和○○年○○月○○日
意匠に係る物品　○○○○○○○
意匠登録出願人　○○○○
代理人　△△ △△

(a)
この意匠登録出願については、令和○○年○○月○○日付けで通知した理由により、拒絶をすべきものとします。
なお、この査定に不服があるときは、この謄本の送達があった日から3月以内に特許庁長官に対して、審判を請求することができます。
(b)

(c)
記

出願人代理人は提出された意見書において、本願意匠の特徴について……旨を主張されました。
しかしながら……格別の創意を見いだすことができません。
よって、意見書の主張はいずれも採用することができないため、拒絶理由通知 書に記載のとおり、本願意匠は、当業者であれば容易に創作することができたものと判断されます。

図表38-3 拒絶査定の例

【書類名】　審判請求書
【提出日】　令和○○年○○月○○日
【あて先】　特許庁長官　殿
【審判事件の表示】
【出願番号】　意願○○○○－○○○○○○○
【審判の種別】　拒絶査定不服審判事件
【審判請求人】
【識別番号】　○○○○○○○
【氏名又は名称】　○○ ○○
【代理人】
【識別番号】　○○○○○○○
【弁理士】
【氏名又は名称】　○○ ○○
【電話番号】　○○○○－○○○○
【ファクシミリ番号】　○○○○－○○○○
【手数料の表示】
【予納台帳番号】　○○○○○○○
【納付金額】　55000
(d)
【請求の趣旨】　原査定を取り消す。本願の意匠は登録すべきものとする、との審決を求める。
【請求の理由】
1. 手続の経緯
……………………………
2. 拒絶査定の要点
……………………………
3. 本意匠が登録されるべき理由
……………………………
4. むすび
…………………………
【証拠方法】　…………
【提出物件の目録】
…………………………
(e)

図表38-4 審判請求書の例（拒絶査定不服審判事件）

この結論に不服がある場合、出願人は、その送達から原則3月以内（b）に、①の審判請求を行うことができます。
上のように、この審判請求書には、審査での結論（a）の見直しを求める趣旨（請求の趣旨）（d）を記載し、さらに、示された理由（c）に対する反論内容（請求の理由）（e）も記載します。反論内容を裏付ける公知デザイン等の証拠を提出することもあります。

出願人は、特許庁に出向かないといけないのでしょうか？

いいえ。①の審判では、出願人は特許庁に出向く必要はなく、書面のやり取りのみで審理が行われる、というのが原則です（書面審理）。
3名または5名の審判官（合議体）が、審判請求書に記載された「請求の理由」（e）のみならず、自主的な調査を行い、申し立てられていない理由についても審理を行います（職権主義）。

最終的にどのような判断がされるのでしょうか？

拒絶理由が解消したと判断されれば（請求成立）、通常、もとの査定を取り消し、対象の意匠は登録すべきものであると審決されます。拒絶査定が取り消された上で、審査に差し戻されるケースもあります。
一方、拒絶理由が解消していないと判断されれば（請求不成立）、拒絶査定が維持されます。

審査の見直し結果ということですね。

補正の却下の決定

意匠登録出願の番号　特願○○○○－○○○○○○○
特許庁審査官　○○ ○○
起案日　令和○○年○○月○○日
意匠に係る物品　○○○○○○○
意匠登録出願人　○○○○
代理人　△△ △△

(a)

令和○○年○○月○○日付けで提出されました手続補正書は、次の理由で、意匠法第17条の2第1項の規定により、却下をすべきものと決定します。

なお、この決定に不服があるときは、この謄本の送達があった日から3月以内に特許庁長官に対して、補正却下決定不服審判を請求することができます。(b)

(c)

理由

上記手続補正書により……補正をされましたが……は、当該分野における通常の知識に基づいて出願当初の願書の記載及び願書に添付した図面から総合的に判断しても導き出すことができるものでもなく、また、当該部分は、本願意匠の要旨の認定に大きく影響を及ぼす部分と認められます。

したがって、上記手続補正書による補正は、出願当初の願書の記載及び願書に添付した図面の要旨を変更するものです。

図表38-5 補正却下の例

【書類名】　審判請求書
【提出日】　令和○○年○○月○○日
【あて先】　特許庁長官　殿
【審判事件の表示】
　【出願番号】　意願○○○○－○○○○○○○
　【審判の種別】　補正却下決定不服審判事件
【審判請求人】
　【識別番号】　○○○○○○○
　【氏名又は名称】　○○ ○○
【代理人】
　【識別番号】　○○○○○○○
　【弁理士】
　【氏名又は名称】　○○ ○○
　【電話番号】　○○○○－○○○○
　【ファクシミリ番号】　○○○○－○○○○
【手数料の表示】
【予納台帳番号】　○○○○○○○
【納付金額】　55000

(d)

【請求の趣旨】　意願○○○○－○○○○○○○について、令和○○年○○月○○日付でした補正に対して、令和○○年○○月○○日になされた補正の却下の決定を取り消す、との審決を求める。

【請求の理由】
1. 手続の経緯
　…………………………
2. 決定の理由の要点
　…………………………
3. 本願意匠の説明と補正の説明
　…………………………
4. 要旨変更に係る争点の説明
　…………………………
5. 補正の根拠及び要旨の変更でない旨の説明
　……………………
6. むすび
　……………………
【証拠方法】　…………
【提出物件の目録】
　……………………

(e)

図表38-6 審判請求書の例（補正却下決定不服審判事件）

次に、②の審判についてお話します。審査官は、出願人が行った補正が「意匠の要旨」を変更すると判断すると（Q37）、「補正の却下の決定」を行い、その謄本を送達します。
ここには、補正を却下すべきであるといった結論（a）の他、その理由（c）が具体的に記載されています。

理由も示されるんですね。

この結論に不服がある場合、出願人は、その送達から原則3ヵ月以内（b）に、②の審判請求を行うことができます。※
上のように、この審判請求書には、補正の却下（a）の見直しを求める趣旨（請求の趣旨）（d）を記載し、さらに、示された理由（c）に対する反論内容（請求の理由）（e）も記載します。反論内容を裏付けるデザイン等の証拠を提出する場合もあります。

※ Q37 で触れたように、補正の却下の決定に対しては、補正却下決定不服審判のみならず、一定要件下で、別の補正を再度行ったり、補正却下後の意匠について新出願を行ったりすることもできます。

①と似ていますね。

そうですね。②の審判も、原則、「書面審理」であり、3名または5名の審判官（合議体）が「職権主義」で審理を行います。
補正の却下が不適切と判断されれば（請求成立）、この却下の決定が取り消され、補正後の内容について審査が再開されます。
一方、補正の却下が適切と判断されれば（請求不成立）、補正の却下の決定は有効であり、補正前の内容について審査が再開されます。

②はいずれの結果でも、審査が再開されるんですね。

最後に、③の審判についてお話します。③の審判は、本来登録すべきではなかった意匠が登録された場合に、その登録を無効とし、初めからなかったものにするものです。

つまり、審査で拒絶するべきであった登録を最初からなかったものにする、ということですか？

大方その通りで、③の審判で無効にできる理由（無効理由）は、原則、審査で拒絶される理由（拒絶理由）と同一です（Q36）。
ただ、拒絶理由のうち「一意匠一出願」「内装／組物の意匠の要件」「関連意匠の要件の一部」は無効理由でないため、これらを理由として③の審判を請求することはできません。逆に、Q17でお話した「後発的無効理由」は、拒絶理由ではありません。

誰が③の審判を請求できるのでしょうか？

原則、誰でも③の審判を請求できます。
ただし、「意匠登録を受ける権利」や「共同出願」の要件（Q31,Q36）に違反するという無効理由の場合には、真に「意匠登録を受ける権利」を有する者のみが③の審判を請求できます。

③の審判はいつまでに請求しなければならないのでしょうか？

①②と違い、意匠権の設定の登録後であれば、いつでも③の審判を請求できます。意匠権の消滅後に③の審判を請求することも可能です。

意匠権の消滅後に③の審判を請求するのはどのようなケースですか？

意匠権の消滅後に、過去の存続期間中の侵害行為に対する権利行使が行われ（Q18）、権利行使をされた側が、その対抗策として③の審判を請求するようなケースです。
これによって意匠登録が最初から存在しないことになれば、過去の侵害行為に対する責任を免れることができますからね。

なるほど。③の審判の手続きについて教えてもらえますか？

③の審判請求書には、対象の意匠登録の意匠権者である被請求人（a）、意匠登録の無効を求める趣旨（請求の趣旨）（b）を記載し、さらに、この意匠登録を無効とすべき理由（請求の理由）（c）を記載します。この理由を裏付ける証拠を提出することもあります。

特許
印紙
50,000

特許
印紙
5,000

（55,000円）

審 判 請 求 書

令和〇〇年〇〇月〇〇日

特許庁長官　　　殿

1 審判事件の表示
意匠登録第〇〇〇〇〇〇〇号意匠登録無効審判事件

2 請求人
住所（居所）　〇〇〇〇〇〇〇〇〇〇〇
電話番号　〇〇－〇〇〇〇－〇〇〇〇
氏名（名称）　〇〇〇〇〇〇

3 請求人代理人
識別番号　〇〇〇〇〇〇〇〇〇
住所（居所）　〇〇〇〇〇〇〇〇〇〇〇
電話番号　〇〇－〇〇〇〇－〇〇〇〇
氏名（名称）　弁理士 〇〇 〇〇

4 被請求人
住所（居所）　〇〇〇〇〇〇〇〇〇〇〇 (a)
氏名（名称）　〇〇〇〇〇〇

(b)
5 請求の趣旨
意匠登録第〇〇〇〇〇〇〇号の意匠登録を無効とする、審判費用は被請求人の負担とする、との審決を求める。

6 請求の理由
（1）手続の経緯
…………………………
（2）意匠登録無効の理由の要点
…………………………
（3）本件意匠登録を無効とすべき理由
…………………………
（4）むすび
…………………………

7 証拠方法
…………………………

8 添付書類の目録
…………………………
(c)

図表38-7 審判請求書の例（意匠登録無効審判事件）

③の審判では、まず審判請求書の写し（副本）が被請求人に送達され、被請求人に書面（答弁書）で反論を行う機会が与えられます。

③の審判も書面のやり取りのみで審理されるのでしょうか？

いいえ。③の審判の審理は、審判官の合議体の前で請求人と被請求人（当事者）が対面した状態で行うのが原則です（口頭審理）。
当事者が対立する③の審判では、当事者が口頭でやり取りした方が審理を迅速かつ正確に進められる、というのが理由です。近年、ウェブ会議システムでの審理も可能になりました。
また③の審判も「職権主義」で審理が進められ、審判官は当事者が争わない事項についても、当事者に釈明を求めることもできます。

最終的な判断はどのようになりますか？

無効理由があると判断されれば（請求成立）、原則、意匠権は初めから存在しなかったとみなされます。ただ、後発的無効理由の場合には、その理由に該当したときから意匠権が消滅します。
一方、無効理由がないと判断されれば（請求不成立）、審判請求は成り立たないと審決され、意匠権は消滅しません。これが確定すると、同じ事実・証拠で再び③を請求することができなくなります。

審判はどの程度成功するものなのでしょうか？

意匠の審判の請求成立率は、概ね以下の通りです。

審判の種別	請求件数	請求成立	請求不成立	取下・放棄	請求成立率
①拒絶査定不服審判	3686	2495	1293	27	68%
②補正却下決定不服審判	43	11	30	0	26%
③無効審判	148	49	80	23	33%

図表38-8 意匠の審判の請求成立率（2012年～2021年）

①からすると、審査で拒絶されても、まだチャンスはありそうですね。※

※審判の結果に不服がある場合には、知的財産高等裁判所に「審決取消訴訟」を提起することができ、さらにその判決に不服がある場合には最高裁判所に上告することができます。

Q39 いつから意匠登録されたと表示してもいい？

デザインが登録意匠又はこれに類似する意匠のものである旨の表示を「意匠登録表示」といいます。この表示を行うことにより、他社に模倣を躊躇させたり、顧客にデザインの優位性をアピールできたり、といった効果を期待できます。一方で、その表示に偽りがあると、刑事上・民事上の責任を負うこともあるので注意が必要です。

たまに、意匠の番号を表示しているWebサイトを見かけるのですが、これは義務なのでしょうか？

いいえ。意匠法では、登録意匠又はこれに類似する意匠に係る旨の表示（「意匠登録表示」）を付するように努めなければならない、と規定されているものの、これは義務ではありません。

■意匠法

（意匠登録表示）

第六十四条　意匠権者、専用実施権者又は通常実施権者は、経済産業省令で定めるところにより、登録意匠若しくはこれに類似する意匠に係る物品若しくはその包装、建築物又は画像若しくは画像記録媒体等若しくはその包装に当該物品、建築物又は画像が登録意匠又はこれに類似する意匠に係る旨の表示（以下「意匠登録表示」という。）を付するように努めなければならない。

それでは、別に表示しなくても問題はないんですね。

「意匠登録表示」を行わないからといってペナルティがあるわけではありません。また、この表示を行ったからといって制度的に優遇されるわけでもありません。
しかし、「意匠登録表示」を行うことで、他者に模倣を躊躇させ、侵害トラブルを事前に防止する、といった効果が期待できます。これは他者にとっても好ましいことでしょう。
また、意匠権が付与されるのは、独自かつ容易に創作できないデザインですから（Q36）、「意匠登録表示」は、このようなデザインの優位性を顧客にPRするビジネスツールとも言えます。

住宅デザインの場合、どのような表示が考えられるのでしょうか？

「意匠登録表示」は、「意匠登録」の文字とその「登録番号」の組です。通常、「意匠登録第〇〇〇〇〇〇〇号」や「意匠登録〇〇〇〇〇〇〇」となるでしょう。「〇〇〇〇〇〇〇」には、意匠登録された際（Q32）に特許庁から発行される「登録番号」が入ります※。

※意匠登録出願が特許庁に受理されると、まず「意願〇〇〇〇−〇〇〇〇」のような「出願番号」が付与されます。また、意匠登録されると「意匠登録第〇〇〇〇〇〇〇号」のような「登録番号」が付与されます。

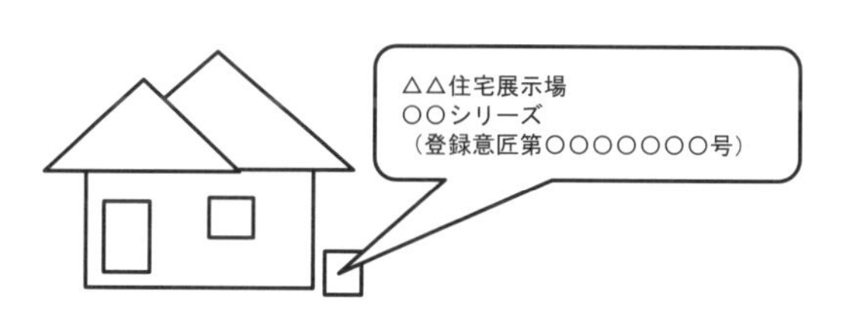

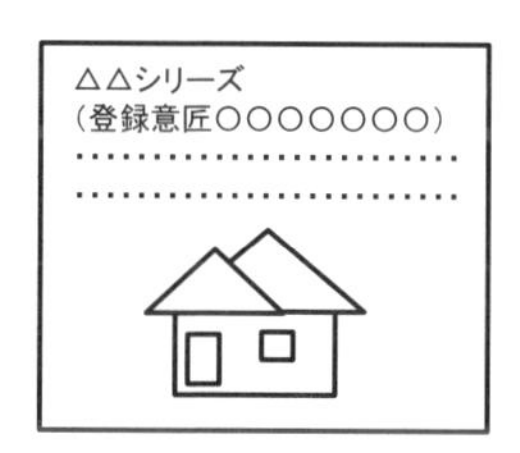

図表39-1 意匠登録表示の例

建築デザインの場合、建築物自体に「意匠登録表示」を付すことは考えにくいですが、住宅展示場に展示された建築物の看板やWebサイト等の広告に「意匠登録表示」を行うことはできるでしょう。

いつから、その表示を行ってもよいのですか？

登録意匠やそれに類似する意匠でないにもかかわらず、「意匠登録表示」を付したり、付した建築物等を販売目的で展示したり、広告に「意匠登録表示」を行ったりする行為（虚偽表示）は禁じられています。「意匠登録表示」と紛らわしい表示も同様です。

登録意匠第〇〇〇〇〇〇〇号	デザインパテント〇〇〇〇〇〇〇	意匠登録済
登録意匠〇〇〇〇〇〇〇	DESIGN PAT. 〇〇〇〇〇〇〇	意匠権取得済

図表39-2 意匠登録表示又はこれと紛らわしい表示の例

Q32 でお話ししたように、意匠登録は、出願した意匠が審査を通過し、登録査定が出され、さらに登録料を納付した後に行われます。
つまり、出願から登録前までの期間①では、このような表示を行うことはできません。「登録番号」が付与される前はNGということです。

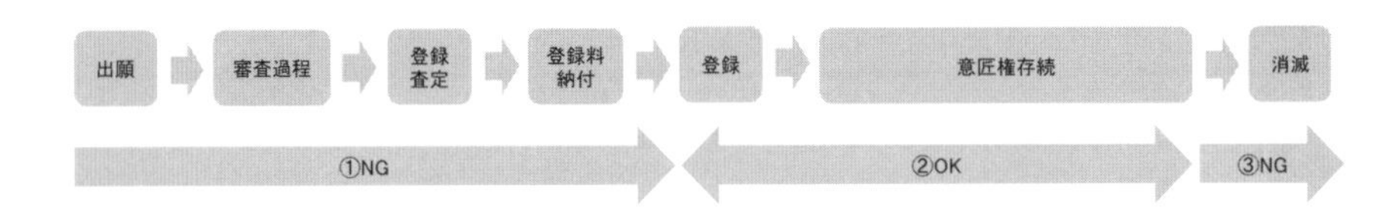

図表39-3 意匠登録表示が可能な期間

表示するなら、「登録番号」が分かってからということですね。

また、意匠権の存続期間は最長で出願から25年間で終了し、それによって意匠権は消滅します。消滅後は登録意匠とは言えませんから表示はNGです。つまり、「意匠登録表示」やそれと紛らわしい表示が許されるのは、期間②だけであり、意匠権の消滅後③の期間でもNGとなります。無効審判や意匠権の放棄によって意匠権が初めから存在しないことになったり、途中で消滅したりした場合も同様です（Q17）。

これに反すると、どのようなペナルティがあるのでしょうか？

その行為が故意（わざと）であった場合には、懲役や罰金といった刑事罰の対象となります。また法人の場合には、より重い罰金が科せられます。建築デザインの場合、法人が関与することが多いでしょう。

■意匠法

（虚偽表示の罪）
第七十一条　第六十五条の規定に違反した者は、一年以下の懲役又は百万円以下の罰金に処する。

（両罰規定）
第七十四条　法人の代表者又は法人若しくは人の代理人、使用人その他の従業者が、その法人又は人の業務に関し、次の各号に掲げる規定の違反行為をしたときは、行為者を罰するほか、その法人に対して当該各号で定める罰金刑を、その人に対して各本条の罰金刑を科する。
一　第六十九条、第六十九条の二又は前条第一項　三億円以下の罰金刑
二　第七十条又は第七十一条　三千万円以下の罰金刑
……

また、建築物等のデザインが意匠登録されていないにもかかわらず、意匠登録されていると表示することは、建築物等の「品質」を誤認させる行為とも言えます。
このような行為やこれに付随する行為は、不正競争防止法で「不正競争」として禁じられています。

■不正競争防止法（品質等誤認惹起行為）

（定義）
第二条　この法律において「不正競争」とは、次に掲げるものをいう。
……
二十　商品若しくは役務若しくはその広告若しくは取引に用いる書類若しくは通信にその商品の原産地、品質、内容、製造方法、用途若しくは数量若しくはその役務の質、内容、用途若しくは数量について誤認させるような表示をし、又はその表示をした商品を譲渡し、引き渡し、譲渡若しくは引渡しのために展示し、輸出し、輸入し、若しくは電気通信回線を通じて提供し、若しくはその表示をして役務を提供する行為

①や③の期間では表示できない、ということですね。

ただ、①の期間については、意匠登録出願中である、ということを表示するケースも多いですね。あくまで出願中と表示するだけなら問題はないとの解釈です。しかし、明確な基準があるわけではありません。
出願の拒絶が確定した場合には、このような表示もやめたほうがいいでしょう。

意匠登録出願中	意匠登録出願中（意願〇〇〇〇－〇〇〇〇）	DESIGN PAT. Pending

図表39-4 意匠登録出願中である旨の表示例

また明確な基準はありませんが、「意匠登録出願中」と表記していても、他の記載との関係で一般消費者が意匠登録済と誤解するような場合には、「不当景品類及び不当表示防止法」で規制される可能性もあります。

そのあたりは専門家に相談した方が良さそうですね。

Q40 設計事務所が出願時に注意すべきリスクとは？

これまで、様々な観点から建築デザインの意匠権について見てきました。最後に、設計事務所が意匠登録出願を行う際に注意すべきリスクについて考えてみましょう。

設計事務所が意匠登録出願を行う際には、どのような点に注意したらよいのでしょうか？

それでは、これまで見てきた意匠法の特徴から考えてみましょう。

■設計事務所が出願時に注意すべきリスク

① 他者の意匠権を侵害していないか？
② 他者によって似たデザインが公開されていないか？
③ 秘密保持義務のない相手に見せていないか？
④「意匠登録を受ける権利」を有しているか、それは共有ではないか？
⑤ 契約上の義務に違反していないか？

Q2 で話したように、著作権法の場合、建築物に対する保護のハードルが高く、独立して美的鑑賞の対象となり得るようなデザインでなければ、建築物自体に著作権は発生しません。
そのため、建物の写真やイラスト等が他者の著作権を侵害することはあっても、建設した建物自体が他者の著作権を侵害してしまう、ということはきわめて稀なケースといえます。

建物自体の著作権はそれほど気にしなくてよい、ということですね。

一方、意匠法では、住宅等の実用的な建築デザインも保護対象としており、登録によって意匠権が発生します。そのため、建築した建物が他者の意匠権を侵害してしまう、ということも十分考えられます。
さらに意匠権を侵害した側に「過失」があったと推定されるため、知らなかったでは済まされないというのも特徴です（Q18）。

設計事務所にとっては心配な事柄ではあります。

そのため、意匠登録出願を行うか否かにかかわらず、設計した建築デザインが①他者の意匠権を侵害していないか？というのは重要な事項といえます（Q10-12,18,19）。

意匠調査が必要ということでしたね。

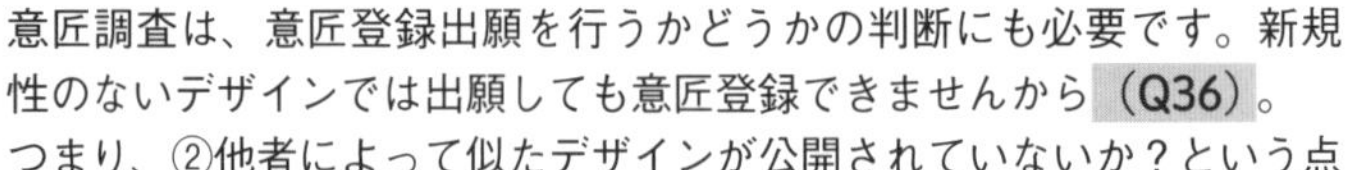

誰でも登録された意匠を無料で検索できますし、設計を行う際には是非とも意匠調査も行っていただきたいですね（Q21,Q34）。
意匠調査は、意匠登録出願を行うかどうかの判断にも必要です。新規性のないデザインでは出願しても意匠登録できませんから（Q36）。
つまり、②他者によって似たデザインが公開されていないか？という点も重要なポイントになります。

自分で設計したデザインであれば、人に見せても問題はないのでしょうか？実務上そのようなケースは多いと思いますが。

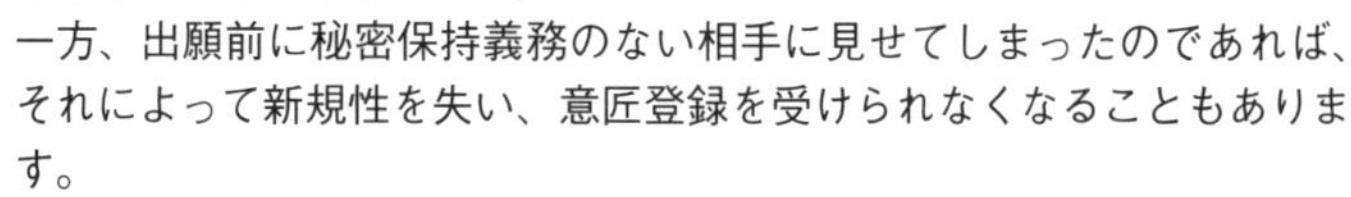

③秘密保持義務のない相手に見せていないか？ということが基準になります。秘密保持契約を結んだ相手や、立場上秘密保持義務がある相手にデザインを見せただけであれば、それによって意匠登録を受けられなくなることはありません。
一方、出願前に秘密保持義務のない相手に見せてしまったのであれば、それによって新規性を失い、意匠登録を受けられなくなることもあります。

１人に見せてもだめな場合もあるんですか？

見せた人数は関係ありません。次の建築プロジェクトの流れで見てみましょう。
(1) では１人だけにデザインを提案することもあるかもしれませんが、その場合でも事前に秘密保持契約を結んでいなかったのであれば、それによって新規性を失ってしまいます。

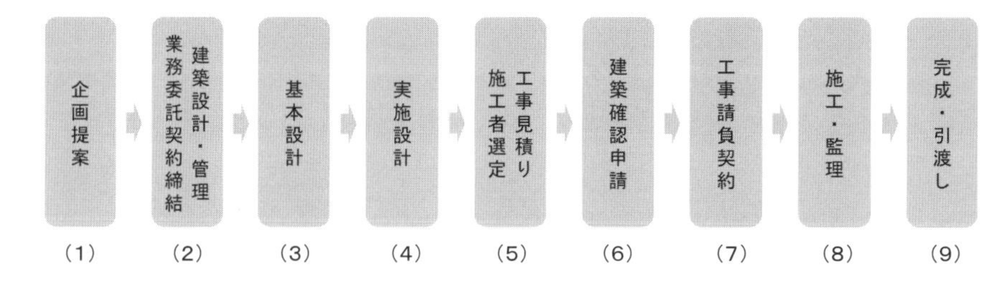

図表40-1 建築プロジェクトの流れの例

(3) (4) では、設計事務所の複数のメンバーでデザインの検討や作業を行うこともあるかもしれません。しかし、就業規則等でメンバーに秘密保持義務が課せられているのであれば、問題はありません。

図面作成を外注したりすることもあるのですが、どうなりますか？

その場合も外注先と秘密保持契約を結んでからデザインを伝えるべきですね。そうしないと新規性を失ってしまいますから。発注者に設計図書を納品する際も同じです。

(5) で見積りのために工務店等に設計図を渡すこともあるのですが。

同じく、秘密保持契約を結んでから設計図を渡して見積りを依頼すべきです。

建築確認申請 (6) はどうでしょうか？

建築確認申請は、地方公共団体の「建築主事」や民間の「指定確認検査機関」に対して行うと思いますが、それらの職員には地方公務員法や建築基準法等によって秘密保持義務が課せられています。

建築確認申請で意匠登録できなくなることはない、ということですか？

大方、大丈夫だと思います。
ただ、提出書類のうち「建築計画概要書」だけは一般に公開されますよね。「建築計画概要書」には、建物の概要（建築主、設計者、地名地番、敷地面積、延べ面積、高さ等）、付近見取図、配置図等が記載されます。しかし、多くの場合、具体的なデザインまでは記載されないでしょう。

原則、問題なさそうですね。

ただ、「建築計画概要書」の配置図等に建築デザインを記載した場合には、その範囲で新規性を失うこともあるので注意が必要です。

施工・監理（8）が始まった後はどうですか？

工務店等の施工業者と秘密保持契約を交わし、かつ、施工中の建物をシートで覆うなどして外部から見えないようにして施工しているのであれば、新規性は失われないでしょう。一方、外部から建物を見えるようにしてしまうと、その時点で新規性が失われます。

完成前に完成予想図をホームページに掲載することはどうですか？

完成予想図にデザインの特徴が表れていたら、新規性が失われてしまいます。誰でも閲覧できるようにアップロードした時点でＮＧです。

秘密保持義務のない相手に公開してしまうと、もう出願しても意匠登録はできないのでしょうか？

原則、できるだけ公開前に出願すべきです。しかし、公開後であっても手が無いわけではありません。

1年以内
意匠X' は公開されなかったことになる
新規性喪失の例外規定の適用申請
意匠X' と同一でなくてもよい
意匠X' を公開
意匠Xの出願

図表40-2 新規性喪失の例外

Q33 でお話ししたように、「意匠登録を受ける権利」（Q31）を持つ者の行為に基づいて意匠X'が公開されてから1年以内に、その公開について「新規性喪失の例外規定」の適用申請を行って意匠Xの出願を行った場合、意匠Xの審査において、意匠X'は公開されていなかったことになります。この制度を利用する手段は残されています。

救済があるんでしたね。業者に見せた後にデザインを修正することもあるのですが、そのような場合も適用を受けられますか？

大丈夫です。公開した意匠X'と出願する意匠Xが一致する必要はありません。この場合でも意匠X'が公開されなかったとみなされます。

途中で設計変更していても問題はない、ということですね。

ただ、そのような効果が認められるのは「新規性喪失の例外規定」の適用申請を行った意匠X'だけです。さらに別の意匠X"も公開されており、意匠X"について適用申請を行っていなかった場合には、意匠X"に基づいて意匠Xが拒絶されることもあります。
つまり、公開した意匠すべてについて適用申請を行うのが原則です。

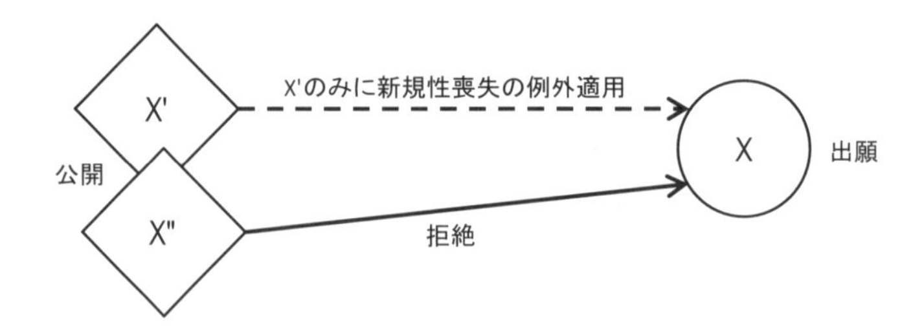

図表40-3 不十分な新規性喪失の例外適用例

施工（8）を行うのは設計事務所ではなく工務店等ですが、このような場合でも「新規性喪失の例外規定」の適用を受けることはできますか？

その場合でも、「意匠登録を受ける権利」を持つ設計事務所が、工務店等に設計図書を渡して施工を行うことを許していたのであれば、適用が認められます。

工務店等に施工を許していればよい、ということですね。

そもそも④「意匠登録を受ける権利」を有しているか、それは共有ではないか？という点も重要です（Q16,Q31）。
Q31 で触れたように、この権利を持たなければ出願しても拒絶の理由等になりますし、この権利が共有の場合には共有者全員が共同で出願しなければならないですからね。

具体的にどのような点に注意すればいいのでしょうか？

「意匠登録を受ける権利」が発生するのは（1）（3）（4）の時点ですが、その意匠は Q25 で話した職務創作意匠に該当することがほとんどでしょう。そのため、就業規則等で「意匠登録を受ける権利」の扱いを明確に定めておくべきです。

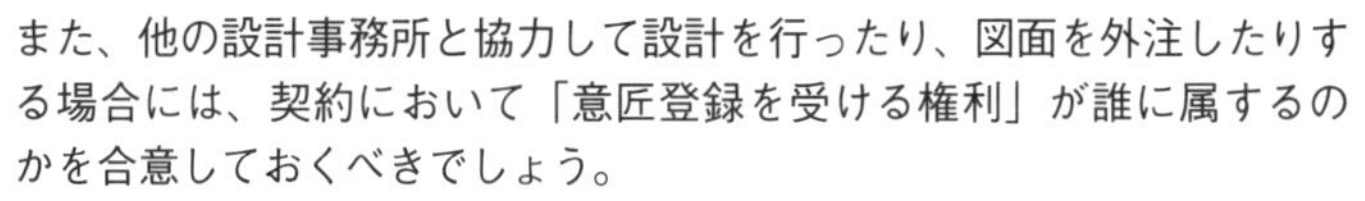

また、他の設計事務所と協力して設計を行ったり、図面を外注したりする場合には、契約において「意匠登録を受ける権利」が誰に属するのかを合意しておくべきでしょう。

契約等で定めておけばトラブルになりにくい、ということですね。

契約に関して言えば、⑤契約上の義務に違反していないか？という点も重要です。

例えば、どのような契約ですか？

例えば、Q20で触れたように、(2) 建築設計・監理等業務委託契約で、意匠登録出願や「意匠登録を受ける権利」の扱いについて取決めがなされることがあります。

「四会連合協定　建築設計・監理等業務委託契約約款」（以下、「約款」）等ですね。

契約内容は当事者で自由に決めてよいのですが、広く使われている「約款」では、意匠登録出願する場合には書面で発注者に通知して承諾を受なければならないとか、「意匠登録を受ける権利」を発注者の承諾なしに第三者に譲渡してはいけないとか、が規定されています※。

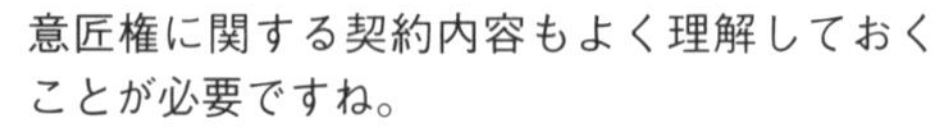

意匠権に関する契約内容もよく理解しておくことが必要ですね。

※本書における「約款」に関する記述は、本書著者の個人的な見解であり、「四会連合協定 建築設計・監理等業務委託契約約款調査研究会」（四会研究会）とは一切関係なく、四会研究会には一切の責任はございません。

これまで意匠権に関する契約内容はそれほど注意深く見ていなかったですね。これから気に掛けるようにしたいと思います。

それがいいですね。何かあれば、いつでもご相談ください。

長い時間、ありがとうございました。

おわりに

本書をお読みいただき、誠にありがとうございました。本書を通じて、意匠権に関する法的な側面を理解し、建築デザインを適切に保護し、デザインや創作に携わる皆様が安心して活動できる環境が整うことを期待しております。

本書をお読みいただいた皆様には、建築デザインの意匠権に関する基本的な知識が身についていることでしょう。今後は、この知識を活用して、デザインの創作やプロジェクトにおいて、適切な意匠権の管理や保護を実践していただければ幸いです。

皆様が創作された建築デザインが、意匠権で適切に保護され、業界全体の発展に貢献することを願っております。

最後に、本書の執筆にあたり、一級建築士、弁護士、弁理士等の様々な分野の先生方や実務家の方々から多大なるご協力と貴重なご意見をいただきましたこと、心より感謝申し上げます。

弁理士　中村幸雄

[著者略歴]

中村 幸雄（なかむら・ゆきお）

中尾国際特許事務所　副所長、パートナー弁理士。日本、米国、欧州、中国、韓国、ロシア、インド、台湾などの世界各国での特許権、意匠権、商標権などの知的財産権の取得・鑑定業務に従事。建築業界ともつながりが深い各分野の国家資格者で構成された企業サポートチーム「中小企業支援センター」の知財担当メンバー。日本弁理士会所属。特定侵害訴訟代理業務付記。一般社団法人日本知財学会会員。デジタルアーカイブ学会会員。

Q&Aでわかる！ 建築意匠権のトリセツ

リスクとメリットを知るためのガイドブック

2023年6月25日　第1版第1刷発行

著　者……中村幸雄

発行者……井口夏実
発行所……株式会社　学芸出版社
〒600-8216
京都市下京区木津屋橋通西洞院東入
電話075-343-0811
http://www.gakugei-pub.jp/
E-mail　info@gakugei-pub.jp
編集担当…松本優真

本文デザイン・DTP……神原宏一（デザインスタジオ・クロップ）
装 丁……ym design 見増勇介・関屋晶子
印 刷……イチダ写真製版　　製 本……新生製本

ISBN 978-4-7615-2853-9